Supervivencia

REAPRENDIENDO A VIVIR
CON LA MADRE TIERRA

Chamalú

¿Cómo usar este libro?

Supervivencia está diseñado para una lectura activa y preferentemente grupal. Posee 52 temas, para trabajar uno por semana, durante todo el año. En cada capítulo se adjunta una pregunta o propuesta para abrir un espacio de reflexión, debate y acción ecológica. Recomendamos trabajar esta propuesta durante todo un año articulando la teoría con la práctica, la reflexión con la acción.

INTRODUCCIÓN

San Francisco Ecologista

Amanece el año 2012, algunos pájaros ya no cantan, son solo un recuerdo; el bosque donde crecí ya no existe sino en mi memoria, allí continúo jugando con mariposas y coleccionando luciérnagas.

Quizá los niños no saben, que si todo sigue así, no será posible continuar habitando el planeta, porque en nombre del desarrollo y el progreso, se está destruyendo lo único que tenemos para vivir: "la tierra".

Se fabrica mucha basura, se contamina en exceso, se consume más de lo necesario; todo ello se traduce en un estilo de vida anti saludable y antiecológico. Los Abuelos indígenas nos hablaron de la Madre Tierra, la veían como algo sagrado, pero quedan pocos abuelos con sabiduría.

En occidente, desde el contexto espiritual, se resalta la figura de San Francisco de Asís, el patrono de los ecologistas. El habló de la importancia de la austeridad, esa especie de pobreza elegida y próspera en lo interno; nos recordó también la necesidad de obedecer a la naturaleza, que nada nos pertenece. San Francisco decía: "Yo necesito pocas cosas y lo poco que necesito, lo necesito poco".

Propuso la importancia de celebrar la vida y que toda criatura en desgracia, tiene el mismo derecho de ser protegido. Él decía que debemos ayudar a cualquier animal golpeado o encarcelado. Veía a toda la naturaleza como parte de una gran familia. El sol es nuestro hermano y también la luna y los árboles. San Francisco sintió en lo profundo de su ser, que la naturaleza es sagrada, que está viva y que somos parte de ella. Él sabía que ese amor por la naturaleza debía convertirse en una forma de vivir, que todos los hombres debemos predicar con el ejemplo y que la paz aludida verbalmente, debe estar primero en los corazones junto con la humildad, la sencillez y la bondad.

El mensaje de San Francisco de Asis, siglos después de su paso por la tierra, continúa vigente; es más, precisamos ecologizar nuestra vida y modificar los modelos de desarrollo para continuar habitando el planeta tierra, de lo contrario, si continuamos viviendo como hasta ahora en poco tiempo más, el planeta quedará deshabitado y la humanidad extinguida.

Nuestra sospecha es que aún estamos a tiempo. Ojalá este libro dinamice tu rencuentro con la naturaleza; recuerda que cada vez que una persona se acerca a la Madre Tierra, estalla una fiesta en el Universo dándole la bienvenida.

Cochabamba, abril de 2012

SEMANA 1

Ecología social

Disponemos de un solo planeta para habitar. La Tierra es un inmenso pero frágil ecosistema, la biosfera es el lugar donde ocurre la vida, esos pocos metros hacia el centro de la Tierra y por arriba hasta donde llega el oxígeno utilizable. La ecología es la ciencia que estudia el arte de vivir, esa interrelación continua, compleja y múltiple que se desarrolla entre todos los seres vivientes y de estos con los diversos elementos que constituyen la Tierra. Esta interrelación se manifiesta en forma de un equilibrio dinámico, de manera que la interdependencia es preciso comprenderla en su lógica cambiante y de permanente mutación-adaptación, desplegadas a lo largo del tiempo, algunas de ellas incluso pasando desapercibidas, debido a la brevedad de nuestro paso por la Tierra.

La ecología analiza todo este vasto equilibrio dinámico desde diferentes herramientas técnicas; sin embargo, existen también otras aproximaciones ecológicas más humanas, más sociales, que exploran fundamentalmente los movimientos del *hommo sapiens*, su comportamiento y su estilo de vida. Hay de por medio una preocupación por la forma como está viviendo el ser humano sobre la Tierra, por las relaciones humanos/ambientales, por sus nociones de progreso y desarrollo, por su idea de dominación hacia la naturaleza y por la estructuración de ciudades cada vez más grandes, más tecnológicas y depredadoras. En este sentido, enfatizaremos en la perspectiva de la ecología social, como la parte de la ecología que estudia los problemas y crisis producidos por el ser humano y las posibilidades de supervivencia sobre la Tierra. Enfatizaremos en lo humano y su comportamiento, sin olvidarnos de las otras especies, porque consideramos que la actitud del hombre frente a la naturaleza en esta coyuntura planetaria, la interactuación de los sistemas humanos respecto al entorno, determinarán el futuro de la humanidad en su conjunto.

A partir de la ecología social, queremos abrir un espacio de reflexión que nos permita repensar lo que estamos haciendo y ojalá, de manera responsable, tomar consciencia de lo que estamos dejando a las nuevas generaciones.

Reflexiona y Responde::

Solo disponemos de un planeta para habitar: ¿es viable destruir la tierra y luego pensar en colonizar el espacio?

SEMANA 2

Utopía ecología

Vivimos un momento de crisis y confusión, la gente en su mayoría ha olvidado que habitamos como tripulantes un barco que podría naufragar. Las nuevas generaciones se desintegran entre la adicción y el nomeimportismo; da la impresión que les resulta indiferente el incierto futuro que se asoma, si continuamos destruyendo a la Madre Tierra, único planeta que disponemos para habitar. Algunos científicos no desechan las posibilidades de grandes catástrofes ecológicas, todas ellas directa o indirectamente producidas por un estilo de vida depredador y suicida.

Una crisis puede ser utilizada como una oportunidad para efectuar cambios y revisar modelos mentales, a partir de los cuales abordamos la realidad, empero, también puede ser un momento de dolor y sufrimiento. Consideramos que momentos como estos deben ser especialmente utilizados como impulsos para gestar profundas transformaciones. No podemos permitir que la Tierra sea otro planeta deshabitado en el cosmos, no podemos negarnos a la posibilidad de transformar mentalidades y estilos de vida. Quizás todo deba comenzar observando cómo vivimos y empezar a descartar actitudes destructivas, agresivas, depredadoras, e irreverentes hacia la Madre Tierra. Tal vez debamos incorporar a la ecología entre los temas de diálogo cotidiano, entre las materias fundamentales en escuelas y universidades, así como en forma de noticia permanente en los medios de comunicación.

Es posible que aún no sea demasiado tarde, que lo imaginado por utopistas y soñadores aún esté al alcance de nuestras manos; es probable que si desde hoy empezamos cada uno a hacer nuestra parte, a cambiar actitudes derrochadoras, a forestar el entorno en el que actuamos y a contribuir en la generación de una conciencia más responsables y ecológica, es seguro que si desde hoy empezamos a vivir más ecológicamente, nuestros hijos y nietos y los que aún no han nacido, nos lo agradecerán profundamente. "¡Permítanme seguir viviendo en la Tierra!", puede ser el pedido del niño que está naciendo. En verdad, es más fácil y más económico comenzar a cuidar nuestra Madre Tierra en vez de intentar colonizar el espacio. Es seguro también que aún estamos a tiempo.

Reflexiona y Responde::

Es posible que aún estemos a tiempo de salvar a la Madre Tierra. ¿Crees que esto es verdad? ¿Que tendríamos que hacer para que esta posibilidad sea realidad?

SEMANA 3

Antes sabían Vivir en la tierra

Una antigua profecía indígena nos dice, que vendrán tiempos en los que aparecerá sobre la Tierra una tribu de seres humanos de todos los colores, para devolver la belleza a la Naturaleza. Esa gente será otra vez sus guardianes, sus hijos, que con reverencia caminarán sobre su piel, gente que hablará con el fuego y con el río, que considerará a las montañas sus abuelas, a los árboles sus hermanos y a la sabiduría ancestral la herencia fundamental, que como tesoro será transmitida de una generación a otra.

Es probable que las profecías reflejen niveles de conciencia de la humanidad y nos muestren de manera anticipada, tendencias que podrían convertirse en realidades, en caso de no existir una corriente que lo interfiera. Existen también futurología pesimista y profecías catastrofistas, agoreros sensacionalistas y personas dispuestas a lucrar con el miedo colectivo, pero nada de eso nos paralizará; nosotros sabemos que, en el fondo, toda profecía alude a procesos de transformación, a mecanismos de cambio y a tendencias, que bien entendidas y adecuadamente canalizadas, pueden generar importantes transformaciones. No puede, no debe ser el miedo el estado de ánimo predominante, ni siquiera en los momentos más difíciles, porque este se convierte en violencia y desde ella la solución no es posible.

Por el contrario, utilicemos esa herencia ancestral como un conjunto de claves para releer nuestra realidad y repensar nuestras prácticas. Recorramos humildemente los senderos de la historia, para aprender de los Abuelos y de las culturas más antiguas, que por haber caminado muchos siglos sobre la Tierra, aprendieron el sagrado arte de habitar junto a la Madre Tierra, sin generar destrucción en ella.

Algo que no debemos olvidar es que las antiguas civilizaciones aprendieron a vivir de una manera no depredadora en la naturaleza, comprendieron que no podemos destruir el único barco en el que nos encontramos, descubrieron que la Madre Tierra funciona regida por leyes y que al comprenderlas podemos disfrutar de su energizadora presencia, además de lograrnos felicidad y salud. Estamos a tiempo de alimentar esta tendencia.

Reflexiona y Responde:

Nuestros antepasados sabían vivir con reverencia y en armonía con la Madre Tierra, ¿qué pasó para que olvidáramos esa sabiduría? ¿Cómo podríamos reaprender ese conocimiento y aclimatarlo a nuestra vida?

SEMANA 4

¿Quién consume a quién?

Ya para nadie es novedad, nos encontramos en una profunda crisis que se manifiesta de muchas maneras. Hay un vacío existencial indisimulable, engañosamente administrado vía exacerbación del consumo, parecería que comprando curamos las heridas que nos deja el sinsentido, parecería que la razón fundamental para inaugurar un nuevo día es el mero acto rutinario de comprar, no importa qué, pero comprar, quizás por ello la mayoría de las casas están llenas de cosas que no son necesarias.

Esta situación requiere ser analizada desde otra perspectiva, dejando de lado falsas normalidades, perspectivas mecanicistas y reduccionistas, para dotarnos de un nuevo paradigma más ecológico y más humano, que nos permita ver la vida de otra manera, dotarnos de percepciones y valores holísticos e integrales y comenzar a ver la vida, no ya desde la fragmentación, sino como una red de flujos y reflujos de elementos interdependientes actuando entre sí, generando sistemas donde todo está conectado, de manera que la destrucción de un bosque o la desaparición de una especie, afecte al planeta entero y conmocione al Universo.

No podemos seguir viviendo para consumir y, en la mayor parte de los casos, para terminar consumidos prematuramente por aquello que consumimos. No podemos tampoco pensar que siempre se ha vivido así; esta forma de vida es reciente, tiene pocos siglos, es decir, no es normal, menos aún natural. Requerimos reconstruir una nueva forma de pensar y de vivir, cambiar nuestro paradigma y comprometernos con la vida, esto es, con la ecología, con la Madre Tierra, con el futuro, para comenzar a vivir de manera más responsable, fluyendo en la diversidad y asumiendo la responsabilidad de que cada uno cosecha estrictamente lo que siembra.

Sembremos, por lo tanto, salud y felicidad; sembremos respeto, reverencia y amor hacia la naturaleza y cosecharemos más salud y más alegría, porque las nuevas generaciones lo agradecerán y disfrutarán.

Reflexiona y Responde:

Estar sanos y vivir felices depende de un estilo de vida de todo lo que hacemos y lo que evitamos hacer. ¿Cómo te imaginas un estilo de vida saludable y ecologista?

SEMANA 5

Unamos esfuerzos

No es necesario ser científicos para darnos cuenta que el mundo está mal. Tampoco es preciso ser expertos para dotarnos de una visión que nos permita interpretar las señales, cada vez más preocupantes, que nos envía la Madre Tierra después de tanto tiempo de agresión e irreverencia. Es posible comprender, desde la misma juventud, que muchas de las crisis y desequilibrios ecológicos, son producidos por una forma de pensar y de vivir inadecuado; es necesario que tú y yo, que nosotros, comencemos a confluir creadora y creativamente, que nos reencontremos en la acción, en ese lugar llamado praxis, donde confluyen las iniciativas y aterriza la creatividad, para, desde allí, formar círculos de estudio o grupos de acción y juntos descubrir algo, que para quienes vivimos en comunidad ya no es novedad: que la vida es otra cosa.

Es que ya no podemos continuar viviendo antiecológicamente, ya no podemos pensar que los trastornos climáticos no tienen nada que ver con nuestra forma de vida. Tampoco podemos seguir aceptando que cualquier desarrollo tecnológico debemos admitirlo en nombre del progreso, hace falta reexaminar incluso programas educativos y comenzar a decirles a los jóvenes el futuro que les espera, a no ser que generemos entre todos un profundo movimiento reencauzador, que posibilite revertir la tendencia autodestructiva y caminar hacia un futuro diferente. Dijimos al inicio que no necesitamos ser especialistas, pero sí requerimos volver a ser humanos e identificarnos profundamente con todos aquellos hombres y mujeres que intentaron mejorar el mundo y posibilitar formas de vida más humanas y saludables.

Es necesario generar iniciativas acerca de la calidad de vida, que nos permitan comprender que de nada sirve ser buenos estudiantes, buenos profesionales, incluso exitosos en el plano laboral, si el mundo comienza a naufragar. De nada sirve que seamos buenas personas si la Tierra estalla. Es por ello que el tema ecológico tiene que empezar a ser el tema de todos. Que cada uno aporte desde lo que es y lo que puede, porque la suma de esas iniciativas, nos permitirán acceder a un futuro posible y diferente.

Reflexiona y Responde:

De manera aislada y solitaria no es posible hacer nada, pero si nos unimos, si aunamos esfuerzos, podemos generar un gran impacto. ¿Cómo podrías organizarte tú y tus amigos para impulsar iniciativas ecológicas que conozca la sociedad?

SEMANA 6

Comunitarismo y descentralización

El ser humano de este tiempo se ha caracterizado, además de por el gran despliegue tecnológico, por una forma de vida sedentaria, expresada en ciudades cada vez más grandes, al punto que ellas han dejado de ser lugares de protección, seguridad, salud y felicidad. Una ciudad que crece demasiado se torna ingobernable y eso está comenzando a suceder en muchas de las grandes ciudades del planeta; hay zonas donde ya ni la policía puede ingresar. Esto, sin referirnos a la contaminación intensa que dificulta el vivir sanos, sin tomar en cuenta la polución electromagnética procedente de aparatos y cables, sin evaluar los efectos colaterales de una dieta saturada de químicos, el solo hecho de vivir en una ciudad grande ya genera un descenso de la calidad de vida, debido a situaciones como el estrés por inseguridad.

La incertidumbre en la que vive el habitante de las grandes ciudades afecta su tranquilidad diurna y por la noche repercute negativamente sobre su sistema inmunológico y le predispone a enfermedades diversas. Estamos llegando al punto de encontrarnos en cualquier momento con carteles a la entrada de grandes ciudades que digan: "Lugar no apto para vivir".

Ante este panorama, proponemos implementar proyectos descentralizadores, que permitan descongestionar las ciudades, manejar mejor la energía, reducir los niveles de contaminación y, fundamentalmente, situaciones como la inseguridad, que como la espada de Damocles oscila amenazante sobre la cabeza de cada ser humano.

Es necesario caminar hacia formas e iniciativas más comunitarias y solidarias, enfatizar en el transporte público y en la producción local. Es preciso también organizar producciones locales y regionales que reemplacen a los productos de las multinacionales, volver a la producción casera y artesanal, descartando el uso de aditivos químicos y reduciendo gastos de transporte. Es preciso reaprender a vivir de forma comunitaria, regresar al huerto familiar y a la bicicleta, habilitar zonas exclusivas para peatones o ciclistas y premiar a quienes organicen jardines simultáneamente ornamentales y comestibles. De esta manera no gastaremos tanta electricidad y el sol volverá a ser la fuente energética fundamental.

Reflexiona y Responde:

Antiguamente se vivía regidos por principios como la reciprocidad y solidaridad. ¿Tú crees que es posible funcionar comunitaria y descentralizadamente en este tiempo? ¿De qué manera?

SEMANA 7

La casa ecológica

El siglo XXI será recordado por haber sido habitado por una civilización altamente antiecológica y depredadora, además de profundamente urbana e inhumana. Desde esa lógica no es extraño encontrar viviendas similares a garajes para autos, construidas con elementos contaminantes, además de cables, sin orientación respecto a las líneas energéticas que surcan la Tierra y sin tomar en cuenta los efectos nocivos sobre la salud. Nosotros proponemos regresar a las casas ecológicas construidas de Tierra, piedra o madera, integradas a la naturaleza, acorraladas por huertos, calentadas por energía solar y donde sea posible tener energía del viento o del mar.

Proponemos también una casa donde se utilicen los colores predominantes en la naturaleza, como el verde o el azul, que tienen un efecto tranquilizante sobre el sistema nervioso, así como utilizar la menor cantidad posible de muebles, nada más hermoso que una casa vacía, amplia, con espacios para danzar, decorada con plantas y flores, garantizando una buena ventilación de todos los espacios interiores.

Fundamentalmente proponemos descartar de nuestra vivienda aparatos como el televisor, el microondas, los pesticidas y antibióticos, los aerosoles y detergentes no biológicos, el radio/reloj, reduciendo al mínimo los cables eléctricos (mejor aún si van subterráneos), así como evitar el derroche de agua y habituarnos al ahorro energético en todas sus formas.

La casa tiene que ser un refugio energético, un espacio sagrado, sano y armónico, donde podamos nutrirnos afectivamente y disfrutar del tiempo que allí permanecemos. Una casa ecológica puede resultar profundamente económica, porque en el fondo nace de la reformulación de nuestras prioridades y de la identificación de necesidades innecesarias. Concebido de esta manera, nuestra casa nos proveerá protección, salud y alegría, además de generarnos menos gastos y, lo más importante, posibilitará que continuemos en contacto con la Madre Tierra y todo el Universo.

Reflexiona y Responde:

¿Te atreves a rediseñar tu casa y volverla hasta donde sea posible ecológica?

SEMANA 8

Paradigma ecológico

Nos han hecho imaginar que el egoísmo, el individualismo y la frivolidad son normales. En verdad, en tiempos tan distorsionados como estos, muchas cosas están al revés; por ejemplo, se valora más la cantidad que la calidad, la apariencia que el contenido, a menudo el envase es lo que más cuesta del producto que compramos, es más, lo que hace o dice la mayoría ha pasado a ser normal y eso es muy peligroso. Hay valores universales que, desde hace miles de años, acompañan al ser humano y en gran parte posibilitaron la supervivencia de la especie humana, nos referimos a la solidaridad y la reciprocidad. El saber que contamos con el otro, el saber que no estamos solos, el sentir que somos parte de algo más grande, el identificarnos con una cultura, con un sueño, con una historia, el saber que somos consecuencia de una continuidad histórica que se traduce en identidad individual y colectiva, nos alimenta y tranquiliza existencialmente. Todo esto fue olvidado por este modelo social que le pone precio a todo y que enfatiza en lo externo.

Desde un paradigma ecológico hace falta repensarlo todo, rehumanizarnos y comenzar a vivir la vida en su complejo y maravilloso entramado que incluye dimensiones como la mental, espiritual, emocional, física, social y ecológica. Al abrir un espacio de reflexión iremos descubriendo, si somos honestos y valientes, que la vida es otra cosa, que es mejor vivir desde el amor, con calidad existencial, desde la dignidad y la solidaridad, desde la reverencia y la salud, desde la alegría y la felicidad, pero no por tener más, esa es una distorsión, sino por ser cada vez mejor, mejor que uno mismo. De esta forma nos prepararemos para lógicas en las que todos salgamos ganando.

Un paradigma es una ventana desde la cual se mira, es un modelo conceptual que nos provee herramientas para abordar e interpretar la realidad. Nuestra propuesta, dotarnos de un paradigma más ecológico, esto es más humano y desde el refundar nuestra existencia.

Reflexiona y Responde:

La realidad la vemos según como interpretamos las cosas. Todos poseemos un modelo mental desde el cual funcionamos. Te proponemos permitirte un paradigma ecológico, desde el cual puedas valorar más la calidad que la cantidad, lo natura que lo artificial, la vida que el consumo.

SEMANA 9

Progresar o vivir

Da la impresión que nosotros mismos somos nuestro peor enemigo, que la humanidad se encamina al holocausto por iniciativa propia. Es certero este diagnóstico inicial con que arrancamos este capítulo, pero hace falta decir que hay responsables detrás de las decisiones antiecológicas y destructivas, son los sectores dominantes, los grupos de poder, las élites constituidas por los privilegiados de siempre, que antes saquearon impunemente al tercer mundo, en esa época que la historia recuerda como colonización y que actualmente opera desde oficinas en el primer mundo, jurídicamente constituidas como empresas transnacionales que manejan marcas conocidas, desde donde nos venden no lo que necesitamos, sino lo que ellos eligen vendernos.

Nos encontramos en un modelo social capitalista, donde todo se compra, todo tiene precio, donde se fomenta el individualismo, para que cada uno compre solo para sí, donde todo es un negocio, desde la salud hasta el deporte; donde la ética está separada de la política y donde nos han hecho creer que progresar equivale a echar asfalto sobre cada vez más lugares de la Madre Tierra.

Hay estadísticas absurdas que nos hablan de escalas de desarrollo a partir, por ejemplo, de cuánto jamón o cerveza se consume por persona al año, algunos incluso intentan engatusarnos mostrándonos que ahora se vive más tiempo que antes, pero, ¿cómo se vive? La tecnología actual permite mantener vivas a las personas, incluso en el estado de coma o vegetativo, pero, ¿eso es vida? ¿Continuaremos aceptando esa noción de desarrollo? ¿Progresar será sinónimo de llenar de aparatos la casa?

Hemos llegado al extremo de tener que plantearnos que si progresar supone la destrucción del planeta y de nuestra vida, que si progresar significa solo ocuparnos de cosas externas, que si progresar es solo tener más dinero, entonces preferimos vivir.

Reflexiona y Responde:

Siempre se nos ha dicho que a mayor progreso tendremos mejor calidad de vida. ¿Tú crees que vivimos mejor que antes?

SEMANA 10

Ecología y espiritualidad

Los tiempos en los cuales científicos y místicos estaban distanciados han terminado. Desde la física quántica, a partir de modelos matemáticos, los científicos han comenzado a comprender las fuerzas que operan en la naturaleza y el Universo. Con cada descubrimiento, los físicos han renovado su interés por profundizar la comprensión de la naturaleza, desembocando todos aquellos que mantuvieron la mente abierta, en posturas filosóficas muy cercanas a las grandes tradiciones espirituales. La ecología y sus investigadores técnicos han seguido un itinerario parecido, cuánto más se estudia la naturaleza más espiritual se vuelve uno. Se ha llegado incluso a formular teorías como la hipótesis Gaia, que sostiene que la Tierra es un ser vivo y que todo lo que ocurre en ella, son parte de ese metabolismo terrestre, a su vez interconectado con el cosmos.

Hace poco, un científico japonés sorprendió al mundo con su investigación referida al agua y al comportamiento de la misma, respecto a las actitudes de las personas que están cercanas a ella. Se sabe a partir de este investigador, que el agua entiende y reacciona a nuestros estados emocionales, que puede ser usada como medicina, si se la llena de amor y que tiene una memoria donde retiene todo aquello que le fue pasando y recibiendo. Lo mismo podríamos decir de animales diversos, con capacidades extrasensoriales, de insectos y plantas que leen nuestras emociones y quizás hasta pensamientos, mostrándonos que nos encontramos frente a un maravilloso y mágico entorno que en verdad es un ser vivo, que quizás no es más que una pequeña parte de otro gigantesco organismo vivo llamado Universo.

En este sentido, vivir se convierte en una arte sagrado que hace falta aprender, redescubriendo una nueva espiritualidad más allá de formas religiosas convencionales, y traducido en habitar la Tierra con reverencia, manteniendo relaciones interpersonales armónicas y amorosas. Espiritualizar la ecología nos permitirá rehumanizar a la humanidad y acercarnos con mayor probabilidad a un futuro posible y mejor.

Reflexiona y Responde:

¿Tiene relación la ecología con la espiritualidad?

SEMANA 11

¿Qué significa ser ecologista?

Todos los jóvenes que serán los adultos del mañana, junto a todos los niños y los que aún no han llegado, tienen el deber de ser ecologistas, esto es convertirse en hombres y mujeres guardianas de la Madre Tierra, responsables y conscientes del tiempo que nos ha tocado vivir.

No se trata de hacer nada extraño, sino de estar alertas y aprender a vivir sin destruir el único planeta que tenemos para habitar. Ser ecologista significa, desde esta perspectiva, evitar todo tipo de derroche, reducir todo lo posible el uso de papel y productos químicos contaminantes. Significa también, ser conscientes del frágil equilibrio ecológico que caracteriza a la Madre Tierra. Si se continúa destruyendo y contaminando la Tierra, dentro de pocos años habrá escasez de agua, de aire, de alimentos, habrá mucha gente sin tener nada para comer, habrá nuevas y peores enfermedades y el cáncer será una epidemia.

Ser ecologista significa estar consciente de todo esto, saber que nuestra forma de vivir influye en el equilibrio planetario, ser ecologista significa decirle a los adultos de hoy, a los gobernantes, a los que toman las decisiones: "Nosotros también queremos seguir viviendo en la Tierra, tenemos el derecho a hacerlo y el deber desde ahora de cuidar a la Madre Tierra".

Ser ecologista significa preparar el futuro que queremos desde ahora, el mundo que habitaremos, darnos cuenta que las cosas no ocurren automáticamente, que todo es una siembra, que la cosecha vendrá después y que no podremos sembrar destrucción y contaminación esperando un futuro mejor.

Ser ecologista significa hablar este tema con mis compañeros, tomar iniciativas y acciones en mi colegio, en mi barrio, para generar más consciencia ecológica y proteger a la naturaleza. Ser ecologista significa empezar a respetar los paisajes naturales, disfrutar del canto de los pájaros, del cielo estrellado, valorar el aire y el agua, que posibilitan nuestra vida. Si quieres un futuro mejor, comienza siendo ecologista desde ahora y comparte esto con tus amigos.

Reflexiona y Responde:

Se pensaba que ser ecologista significaba poseer información ecológica o tener una dieta determinada, ahora se sabe que ser ecologista tiene que ver con una forma de vivir. Elabora, describe y analiza tu estilo de vida.

SEMANA 12

El efecto invernadero y sus consecuencias

Lo paradójico es comenzar a darnos cuenta que todos aquellos factores que posibilitaron la existencia de la vida en la Tierra, hoy están, fruto de la imprudencia y la contaminación humana, volviéndose en contra nuestra y generando lo que ha venido a llamarse el efecto invernadero, desequilibrio que podría convertir al planeta Tierra en un lugar inhabitable.

Es cierto que nuestro planeta ha pasado por diferentes períodos y cambios geológicos, la desaparición de los dinosaurios son una prueba de ello; sin embargo, el inicio de la industrialización aceleró a tal punto la contaminación del ambiente, que no hay tiempo para adaptarse al ritmo de los nuevos cambios climáticos, que no son de ninguna manera naturales. No es que se haya vuelto loco el clima, es que estamos rompiendo el equilibrio planetario, contribuyendo al aumento de la temperatura, a la disminución de los polos y a la escasez de agua y pronto también a una crisis alimenticia que generará hambruna en diferentes partes del planeta.

Recibimos la energía calorífica del sol, cuyos rayos atraviesan las diversas capas atmosféricas hasta llegar a nosotros, reflejarse y volver al espacio en una proporción de un más del 60 %. Esa devolución energética de la radiación solar, está empezando a quedar atrapada por efecto de la contaminación atmosférica, elevando la temperatura normal de la Tierra, generando diversos e impredecibles trastornos en el equilibrio ecológico y en todos los seres vivientes. De esta manera, están en peligro los bosques y especies alimenticias, todo cambio climático afecta a los cultivos. Ya hemos comenzado a ver sequías e inhundaciones simultáneas en países vecinos; también estamos presenciando la muerte de cada vez más bosques como consecuencia, no solo de la deforestación, sino de la lluvia acida, es decir, de la contaminación que envenena toda forma de vida vegetal. África ha sido el continente donde con mayor crudeza se han expresado algunos desequilibrios, por ejemplo la aparición de plagas de insectos que arrasan en minutos con toda forma de cultivo, además como el caso de algunos mosquitos que trasmiten peligrosas enfermedades.

Reflexiona y Responde:

¿En qué consiste el efecto invernadero y cuáles serán sus consecuencias?

SEMANA 13

Energías no contaminantes

De nada sirve alarmarnos por la situación ecológica en que se encuentra la Tierra, si no estamos dispuestos a revisar nuestra forma de pensar y de vivir. De nada sirve hacer campañas ecológicas si no somos autocríticos ni estamos dispuestos a modificar hábitos consumistas y contaminantes. De nada sirve cualquier iniciativa ecológica si continuamos consumiendo productos que nos intoxican y envenenan a la naturaleza, porque de esa manera continuamos manteniendo a industrias que tendrían que desaparecer.

Han intentado hacernos creer que todo lo que está pasando a nivel de trastorno climático, de desastres naturales, de aparición de plagas y nuevas enfermedades es el precio del progreso. Es que eso no solo no es progreso, sino que se constituye en una agresión contra la humanidad, en un atentado contra las nuevas generaciones, en un acto de irresponsabilidad en circunstancias en las que existen los recursos económicos y financieros para promover desarrollos más ecológicos. El protocolo de Kyoto, firmado en el 97 por más de 150 países, contempló el carácter prioritario del calentamiento global y en 28 artículos y 2 anexos propuso fomentar el ahorro energético, así como iniciar acciones para evitar que continúe el efecto invernadero, además de apoyar formas de agricultura orgánica y promover la investigación en el uso de nuevas formas de energía no contaminantes y renovables. Lamentablemente hay intereses económicos de pequeños grupos que solo piensan en su propio beneficio. Estos sectores han impedido que iniciativas como la de Kyoto sean implementadas a nivel internacional.

Existen diversos mecanismos para plantear otra forma de desarrollo, en especial en el uso de la energía. Estamos refiriéndonos a la necesidad de promover e implementar a gran escala la energía solar, la energía geotérmica, la energía mareomotriz, la energía eólica y toda la tecnología no contaminante, acompañados de una filosofía ecológica y humana, que nos permita volver a amar a la Madre Tierra.

Reflexiona y Responde:

Ya sabeos que los desastres naturales son provocados por el ser humano. ¿Tú crees que es posible vivir como se vive actualmente sin contaminar?

SEMANA 14

Mira cómo vives

Las malas noticias nos acorralan permanentemente. Las estadísticas sobre de la destrucción en el Amazonas son alarmantes, la biosfera amenaza con dejar de posibilitar la vida sobre la Tierra. Mucha gente aún cree que el problema es estrictamente técnico, cuando en verdad se trata de una manera de vivir, de una cosmovisión, de una forma de gobernar la sociedad, en definitiva, de un sistema basado en la depredación, en la explotación, en el ver a la Madre Tierra como una simple materia prima esperando ser explotada.

Podemos hacer y mucho, si comenzamos a observar la manera en que vivimos, si armándonos de valor nos atrevemos a ser autocríticos y a introducir en nuestra vida diaria algunos cambios indispensables, por ejemplo, gastar menos energía eléctrica, evitar el uso de pilas por su alto factor contaminante o preferirlas recargables, no comprar productos, en especial bebidas en envases no retornables, evitar derrochar el agua, por ejemplo al ducharnos, porque se avecina una gran escasez de este líquido vital; todo esto y más actitudes, compartirlo con la gente que conocemos, de manera que podamos ir generando una epidemia ecológica que nos permita convertirnos otra vez en sus guardianes.

Las circunstancias en las que nos encontramos nos exigen efectuar importantes cambios en nuestra vida. Atravesamos una época dramática, hay demasiada gente viviendo en la extrema pobreza y esto les induce a actuar a menudo antiecológicamente. Hay demasiada contaminación sobre la Tierra y, simultáneamente, hay muy poca información sobre el grave riesgo que en este momento amenaza la Tierra. Empero, no es demasiado tarde, sin embargo, tampoco ya queda tiempo para perder, de manera que tenemos que revisar cómo vivimos y pronunciarnos respecto a las políticas gubernamentales de desarrollo, así como a las inversiones de algunas transnacionales que solo piensan en el lucro y beneficio privado. Nuestro barco está a punto de naufragar, tenemos que hacer algo urgentemente.

Reflexiona y Responde:

¿Qué es lo más importante, la ganancia económica o el equilibrio ambiental?

SEMANA 15

Unos minutos para dejar de equivocarse

Es probable que nos queden solo unos minutos para comenzar a implementar los cambios imprescindibles. Ustedes ya saben, vivimos acosados por malas noticias, mientras presenciamos descomposiciones generalizadas y sociedades descompuestas disimulando con dificultad el deplorable estado en el que se encuentra.

Las nuevas generaciones deambulan con la mirada perdida e ignorando el dramático panorama que se avizora en el futuro cercano. Diversos factores inciden, a manera de ingredientes, en la construcción de esta pesadilla apocalíptica; los medios de comunicación, todavía en su mayoría, están dando más importancia al que pateó mejor el domingo pasado; los centros educativos continúan aferrados a contenidos obsoletos y que no incorporan la ecología como materia fundamental.

Es por ello que hemos querido titular este capítulo: "Unos minutos para dejar de equivocarse", porque ya no queda más tiempo. Es como si de pronto, el futuro hubiera llegado y nos encontráramos ante el desafío de tener que reconstruirlo, traduciendo este cambio en la modificación de formas de gobierno y estilos de vida que nos permitan, más allá de conformismos y actitudes enfocadas en beneficio personal, comenzar a hablar con los jóvenes respecto a lo que les podría ocurrir si no reorientamos el rumbo de las sociedades actuales.

En este sentido lanzamos el alerta porque ya no podemos seguir esperando. Tampoco es correcto imaginar soluciones automáticas, consideramos que los jóvenes tienen que estar profundamente involucrados en esta crisis que tocará quizás la parte más importante de sus vidas. La mejor forma de acercarse y plantear alternativas de solución, es comenzando ahora mismo. Ya lo dijimos antes, revisar nuestra vida, nuestra forma de pensar e implementar acciones grupales en la escuela, en el barrio, motorizado por jóvenes, por los niños, por los que serán directamente afectados, si no empezamos los cambios desde ahora.

Reflexiona y Responde:

¿Estás con los optimistas que creen que estamos a tiempo de reorientar el destino del planeta o con los pesimistas que creen que ya es demasiado tarde y estamos condenados al holocausto?

SEMANA 16

La selva somos nosotros

Da la impresión que este tiempo, este siglo XXI, es un lugar frío, desconocido y paradójico, donde gran parte de sus habitantes ignoran que su planeta está a punto de naufragar. Es extraño que se hable tan poco del tema, que se destinen tan escasos recursos, que todavía se siga invirtiendo masivamente en juegos de guerra y tecnología de destrucción.

Nos llama la atención que aún miles, quizás millones de personas trabajan produciendo alimentos y productos contaminantes, como si no tuviera ninguna importancia. Nos llama la atención que se viva como si no pasara nada, como si la Madre Tierra no nos hubiera enviado reiteradas y alarmantes señales de que está a punto de perder la capacidad de mantenernos con vida en su seno.

En algunos sectores la ecología se ha convertido en moda y por ello se ha banalizado y reducido a mero elemento decorativo. Es importante caminar hacia una ecología crítica y profunda, integral y vivencial, traducida en formas de vida y de progreso que se sitúen más allá de meros lamentos o advertencias. No debemos olvidar que tenemos un solo planeta para habitar y que continuamos destruyéndolo. No debemos olvidar tampoco que las sociedades antiguas ya habían aprendido a vivir en armonía con la naturaleza, que los errores comenzaron con la revolución industrial, que la depredación se multiplicó con el crecimiento tecnológico, que la calidad de vida decreció con el progreso, que la injusticia distributiva y la existencia de cada vez más pobres, refuerza la depredación y la destrucción de las pocas reservas naturales que aún quedan.

Es urgente recuperar valores éticos-ecológicos que nos permitan sentirnos hijos de la Tierra, capaces de admirar la belleza de un amanecer o el canto de un pájaro. Hace falta volver a sorprendernos con un cielo estrellado o con una gota de rocío palpitando sobre el pétalo de una flor. Es urgente que aprendamos de los últimos habitantes del Amazonas que siempre pensaron que la selva son ellos mismos.

Reflexiona y Responde:

¿Qué significa para ti la afirmación de los indígenas del amazona: la selva somos nosotros?

SEMANA 17

De película

Imagínate por un momento observar a la Tierra desde el espacio, instantes después percibirla opaca e intercalada con erupciones volcánicas diversas, que manifiesten un holocausto planetario. Imagínate por un momento al planeta dejando de ser habitable, a la biosfera degradada y a cada una de las especies vivientes comenzando a desaparecer. Esto parece una película de catastrofismo ecológico y sin embargo, es una profunda y dramática posibilidad como consecuencia de una forma de vida en la cual la vida dejó de ser lo más importante.

Es probable la existencia en el Universo de planetas que un día fueron habitables y que hoy se encuentran vacíos y desolados. Es posible que hayan existido muchas otras civilizaciones, que por imprudencia en el uso de su tecnología terminaron propiciando su propia desaparición. La posibilidad de que nos acontezca algo como pudo haber ocurrido a otros planetas, no es remota. El ser humano está haciendo todo lo posible para naufragar el único barco que tiene para navegar en el espacio. Este es un tema que los jóvenes deben conocer y debatir con la mayor urgencia. Si bien estamos aún a tiempo de evitar lo peor, cada vez quedan menores oportunidades de revertir este proceso.

De poco sirven también las exploraciones espaciales que intentan fundar o crear barrios en el espacio o incluso colonizar algún otro planeta. Soluciones de esa naturaleza resultan insuficientes y costosas. Es más práctico preservar nuestro planeta, buscando otras formas de organización, otros recursos tecnológicos, otras formas de vivir, de manera que podamos continuar habitando en este planeta y de esta manera impedir que aparezca otro planeta deshabitado.

La buena noticia es que cada vez hay más iniciativas ciudadanas y de diversa naturaleza, que están comprendiendo la importancia de salvar nuestro planeta. Hemos podido presenciar centenares de iniciativas ecológicas en los cinco continentes, nos hemos podido dar cuenta que no estamos solos, que cada vez hay más gente dispuesta a invertir parte de su vida en salvar a la Tierra del holocausto. No estamos solos y cada vez somos más.

Reflexiona y Responde:

Imagínate ser un extraterrestre que llega de visita al planeta, ¿qué pensarías del terrícola y de la forma como trata al lugar en que vive?

SEMANA 18

El consumismo y otras intoxicaciones

Hemos progresado y ahora la naturaleza comienza a pasarnos la factura por haber elegido una forma inadecuada de progreso. Se ha organizado la vida en función de la propiedad privada, de la rentabilidad, se ha puesto precio a todo y se organizó la vida, desde la misma infancia, en función de beneficios materiales y económicos. Da la impresión que el ser humano no se conformó con ser humano y comenzó a olvidar su esencia, subordinarse a la tecnología, quedar embriagado por una forma de desarrollo y aceptó como normal las más increíbles anormalidades, una de ellas, vivir para consumir o consumir basura.

El consumismo ha pasado a ser la religión de esta época, sus templos: los supermercados, que nos proveen en abundancia lo que en general no es necesario. Hay un anhelo desenfrenado por comprar, por tranquilizarse comprando, por llenar la casa de cosas; hay un auge de materialismo, mientras la industria nos provee productos cada vez más descartables, fabricando en poco tiempo basura, que no se sabe dónde enviar.

Simultáneamente, los medios de comunicación nos atiborran con falacias y frivolidades. Este tiempo es como vivir en un circo donde todos hacen un papel absolutamente verosímil y totalmente alejado de la realidad. Ya no hay ética ni principios elevados, ya no hay solidaridades ni reciprocidades, ya no hay amor a la naturaleza, ni se hacen las cosas por el placer de hacerlas, ahora todo se hace corriendo, porque el tiempo es dinero y porque todo tiene precio.

La energía nuclear, que forma parte de un sospechoso progreso, nos amenaza invisiblemente. Las guerras estallan, incluso sin motivo, en cualquier parte. Miles de personas mueren cada semana de hambre, mientras otras lo hacen debido a la contaminación y enfermedades que provienen de ella. Sin embargo, la mayoría de la gente no reacciona, está intoxicada y adaptándose peligrosamente a lo que tendríamos que rechazar. En ese contexto, despertar conciencias resulta imprescindible, por lo menos si queremos continuar habitando la Tierra.

Reflexiona y Responde:

¿Cuantos tipos de intoxicaciones conoces? ¿Se puede hablar de intoxicación ideológica?

SEMANA 19

Únete a la lucha, ES POSIBLE

Mientras leemos estas páginas el Amazonas continúa siendo destruido, millones de niños padecen desnutrición y no llegarán jamás a ser jóvenes. Aparecen nuevas enfermedades degenerativas, casi todas producidas por la saturación de sustancias químicas en el medio ambiente. Mientras lees estas páginas continúa la carrera armamentista, millones de millones de dólares se gastan en tecnología bélica. Al sur hay poblaciones que siguen muriendo de hambre, mientras al norte los sectores privilegiados viven en la opulencia y el derroche.

Estas noticias no tendrían que desanimarnos, sino por el contrario movilizarnos, ya sabíamos que miles de niños mueren de hambre al día y simultáneamente se destinan cada vez más recursos para guerras que convienen a determinados intereses. El siglo XXI se caracteriza por la crisis ecológica, por la pobreza creciente, y por la proliferación de conflictos bélicos. Los recursos naturales comienzan a escasear, la violencia parece indetenible, mientras el SIDA ya convertido en epidemia, mata al igual que una guerra. ¿Servirá de algo tanta mala noticia? Probablemente nos sirva para dejar de lado la indiferencia y comenzar a involucrarnos.

No esperemos que la Tierra esté ardiendo, no funcionemos al ritmo que nos proponen los medios de comunicación, que casi siempre eligen lo menos importante para difundir. Comencemos a organizarnos, tal vez estos años sean la última oportunidad, ya sabemos que todo comienza despertando conciencias, la nuestra para empezar, pero ello no debe ser visto como algo abstracto, se trata de darse cuenta y comenzar a actuar, de renovar nuestra visión y atrevernos a boicotear a todos aquellos productos que están contribuyendo a la destrucción de la Madre Tierra y la salud de los pobladores de la humanidad.

A partir de la lectura de este libro, podemos proponer acciones diversas, en especial aquellas encaminadas a generar mayor conciencia ecológica. No es fácil, no importa que no lo sea, la solución no será inmediata, tampoco tiene que serlo, quizás sea una caminata y ella no olvidemos que es solamente un paso repetido cuantas veces sea necesario.

Reflexiona y Responde:

¿Qué podemos hacer ante tanta mala noticia?

SEMANA 20

Impacto ambiental

Nos estamos quedando sin reservas. El modelo de desarrollo actual fomenta la injusticia y el despilfarro, la explotación de la naturaleza y del hombre. A partir de esa lógica depredadora se percibe a la naturaleza como un recurso para explotar, incluso algunos no se dan cuenta que gran parte de esos llamados recursos naturales no son renovables. Es el caso de los combustibles fósiles utilizados intensamente en la actualidad y que están gradualmente caminando hacia su total agotamiento.

No solo está el problema de la contaminación por el uso intenso de recursos como el petróleo, hay que considerar también los efectos colaterales que supone su explotación, esto es, destrucción de importantes paisajes naturales, así como debilitamiento y hasta exterminio de culturas indígenas habitantes en la región.

Hace falta planificar cuidadosamente el uso de estos recursos, evitando su impacto ambiental y en lo posible recurriendo desde ahora, incluso antes de su agotamiento, a la generalización del uso de tecnologías y recursos energéticos no contaminantes. Al respecto, tenemos diversas experiencias como el tren japonés por levitación magnética y otras tecnologías verdes que podrían reemplazar con gran ventaja al contaminante petróleo. Los otros recursos, incluso los llamados renovables, solo tendrán esa característica si se los administra adecuadamente; un bosque tropical convertido en zona agrícola, podría volverse en poco tiempo un desierto verde o en el mejor de los casos un monocultivo susceptible de mantenerse a condición del uso intensivo de abonos químicos e insecticidas.

Es importante revisar todos los criterios de desarrollo y progreso, generar nuevos hábitos más ecológicos y permitirnos cambiar todo lo que sea necesario para continuar habitando la Tierra y dejando a las nuevas generaciones un planeta libre de desastres. Nosotros somos optimistas, pensamos que estamos a tiempo, siempre y cuando comencemos desde ahora.

Reflexiona y Responde:

¿Es posible generarse nuevos hábitos ecológicos?

SEMANA 21

Vivir ecológicamente

Se trata de comprender que la vida ecológica no incluye necesariamente abandonar las ciudades, cambiar de trabajo y vestir de otra manera. Podemos continuar donde estamos, a condición de que incrementemos en nuestra forma de vivir algunos cambios impostergables. Hay personas que se conforman con tener un afiche ecológico en la oficina, cuando en verdad de lo que se trata es de comenzar a sentirse corresponsales de todo lo que le está pasando a la Madre Tierra. El asumir esta responsabilidad supone revisar nuestros hábitos, descartando todo aquello que sea una agresión a la Madre Tierra. Quizás resolver la problemática ecológica no sea tarea de solo una generación, empero, hay que comenzar y cuanto antes. Si la anterior generación hubiera empezado, si las ciudades hubieran sido concebidas con criterio ecológico, si la tecnología hubiera respetado el equilibrio con el que funciona la naturaleza, estaríamos viviendo tiempos diferentes.

No se trata de volver a la selva sino de estar conscientes de que vivimos tiempos especiales, darnos cuenta que estamos de la manera como estamos porque hemos tenido un modelo social y económico que no se interesa en la salud ni felicidad de las mayorías, un modelo social que no toma en cuenta a las nuevas generaciones y a los que aún no han nacido. Es importante darse cuenta que la resolución de los problemas ecológicos no será obra de un salvador que milagrosamente entre en escena, sino una tarea colectiva que tendrá que estar en gran parte motorizada por los mismos jóvenes, los que resultarán especialmente perjudicados, si el mundo continúa funcionando como hasta ahora.

Vivir ecológicamente significa, por ejemplo, generar cada vez menos basura, reciclar todo lo que sea posible, además de separarla posibilitando su reutilización y que el material orgánico regrese a la naturaleza. Quizás en el fondo lo que hace falta es comenzar a construir una sociedad ecológica, con otro tipo de progreso y donde la calidad de la vida sea un parámetro fundamental. Vivir ecológicamente es darnos cuenta que la naturaleza también somos nosotros.

Reflexiona y Responde:

¿Qué significa vivir ecológicamente y de qué manera esto sería posible en tu vida?

SEMANA 22

Encuentros internacionales

Con el nombre de cumbre o conferencia internacional han venido sucediendo diversos encuentros referidos a la problemática ecológica, estamos pensando, por ejemplo, en Estocolmo 1972, o la Cumbre de la Tierra en Río de Janeiro 1992, eventos que contaron con la participación de gobernantes y líderes mundiales y que concluyeron con valiosas declaraciones que tiempo después se convirtieron en mera palabrería hueca. Es importante que ocurran estos eventos, estos acontecimientos tienen un gran impacto en los medios de comunicación y por unos días el tema ecológico está en la conversación de mucha gente; sin embargo, la historia nos ha mostrado que todo ello resulta insuficiente, que de nada sirve un evento ecológico convocado por las Naciones Unidas, de nada sirven rimbombantes declaraciones en pro de la naturaleza, de nada sirve la presencia de muchos presidentes y científicos famosos, si no aludimos, si no esclarecemos los problemas de fondo que son de carácter estructural y que tienen que ver con la división norte-sur del planeta, con la pobreza, con el hambre y con la obsesión de lucro de muchas empresas multinacionales, respaldadas por sus respectivos países.

Es importante reafirmar la necesidad de acciones conjuntas que involucren a varios países, para afrontar problemas como los trastornos climáticos y la contaminación, la escasez de agua y la hambruna en algunos continentes. Es importante reflexionar sobre el impacto del crecimiento demográfico sobre la naturaleza y numerosos problemas similares, pero mientras se piense en soluciones fundamentalmente técnicas, mientras se quiera resolver el problema de la contaminación con filtros o purificadores, mientras no realicemos un diagnóstico completo y profundo, corremos el riesgo de que estas conferencias mundiales, tan importantes como costosas, se queden en meras palabras vacías, en momentos en que requerimos soluciones urgentes, así como poner la tecnología y los recursos financieros y humanos al servicio de un mundo más sano y ecológico.

Reflexiona y Responde:

¿Sirvieron de algo los encuentros ecológicos internacionales? ¿Tienes alguna sugerencia al respecto?

SEMANA 23

Un planeta feliz

No es una frase acertada, sino la urgente necesidad de comenzar a trabajar en la perspectiva de un mundo sin hambre, sin pobreza, sin erosión, sin injusticia, sin ecocidio, sin discriminación, un orden internacional que desde posturas de interculturalidad posibiliten un diálogo intercivilizatorio de mutuo respeto. La diversidad no es un problema, es una riqueza, la biodiversidad requiere ser preservada como patrimonio fundamental de la humanidad. En ese sentido no podemos hablar de un futuro mejor, ni siquiera de un futuro posible si no estamos desde ahora protegiendo el destino de nuestros hijos de seguir viviendo en la Tierra.

Para ello requerimos trabajar juntos, dejar de lado actitudes egoístas, lógicas mercantilistas y cualquier teoría que hace una apología de la desigualdad. Salvar el mundo será un ejercicio colectivo en el que tenemos que trabajar todos o casi todos como una gran familia, donde las diferencias nos unan, donde haya una distribución más justa y equitativa, donde la riqueza sea repartida en función de necesidades, evitando carencias o bochornosas acumulaciones.

Hace falta que la brecha existente entre el norte y el sur desaparezca, que la deuda externa, casi siempre injusta, quede sin efecto, que se puedan implementar organismos internacionales, ya no al servicio de los más poderosos, sino que actúen velando intereses colectivos, apoyando el desarrollo ecológico en las zonas más necesitadas y propiciando la producción de bienes locales, además de una mutua colaboración entre países vecinos.

Entre todos, simultáneamente, podremos ir resolviendo los desastres ecológicos y evitando otros nuevos. Entre todos podremos ir generando consensos para adoptar medidas demográficas adecuadas y temas como la inmigración. Somos un solo planeta, un mundo que tiene una sola biosfera para proteger y de este juego salimos ganando todos, o todos habremos perdido.

Reflexiona y Responde:

¿Cómo podríamos lograr el objetivo de un planeta feliz?

SEMANA 24

¿Materia prima o Madre Tierra?

Ya no podemos continuar hablando de explotar la naturaleza. La naturaleza no merece ser explotada, porque nosotros somos parte de ella, como decían en las culturas prehispánicas, la Tierra no es de nosotros, nosotros somos de la Tierra. Tampoco podemos continuar admitiendo expresiones como conquistar la naturaleza, es un engaño, es una trampa, es un error, es algo absolutamente criminal pensar de esa manera.

Cuando contemplamos una montaña, un bosque, un océano, no estamos viendo recursos naturales, no estamos en presencia de materia prima, sino de la Madre Tierra; es decir, de un organismo vivo, de algo sagrado que nos observa, nos siente y a veces responde al comportamiento humano. No es posible continuar habitando la Tierra si nos empecinamos en continuar destruyendo ese maravilloso funcionamiento armónico que le caracteriza.

Es verdad que como personas apenas estamos por poco tiempo, estamos de paso y esto debe inducirnos con mayor razón para actuar con responsabilidad. Somos apenas temporales administradores de la Madre Tierra, somos los tripulantes de una frágil embarcación, no tenemos derecho a hacerle naufragar, somos libres pero al mismo tiempo responsables y tras nosotros tenemos a las nuevas generaciones y a toda esa cantidad de niños que aún no nacieron, que desde alguna parte del Universo nos están contemplando, nos están preguntando ¿qué mundo les dejaremos?

Las últimas décadas se han caracterizado por una gran destrucción. La prensa informa con creciente rapidez las novedades destructivas que la tecnología depredadora posibilita, sin embargo, hay una especie de anestesia colectiva que hace que la gente ya no reaccione, ya no se revele frente a tanta destrucción, es como si el hombre contemporáneo se hubiera olvidado todo lo que le dio la Tierra y embriagado por su tecnología, se empecina en seguir destruyendo como si tuviéramos otro planeta de repuesto. Para nosotros la Tierra es nuestra Madre y nosotros sus hijos, con un deber que no podemos olvidar: cuidar su equilibrio.

Reflexiona y Responde:

¿Decir Madre Tierra o decir materia prima nos remite a dos paradigmas diferentes, podrías identificar cada uno de ellos?

SEMANA 25

El bosque

Pensar que podemos destruir un bosque y luego reconstruirlo con base en una reforestación planificada es una falacia. El bosque, en especial en bosque tropical, es un laboratorio maravilloso donde coexisten miles de especies microscópicas, insectos, aves, animales mayores y muchísimas formas de vida vegetal. Esto sería imposible de reconstruir después de su destrucción. Sin embargo, todos los días gran cantidad de hectáreas son destruidas. Todos los años el bosque tropical se reduce, la velocidad de deforestación es cada vez más intensa, tanto que algunos investigadores calculan que en pocas décadas, al ritmo destructor actual, no habrá quedado ningún bosque tropical.

Sabemos que por año se destruye más de 150.000 km2 de bosque. Se sabe también, que un solo bosque tropical puede contener más de 10.000 especies vegetales. Tampoco es novedad que los bosques regulan el clima y previenen la erosión de la Tierra, empero nada de eso parece suficiente y se continúa destruyéndolos todos los días. Los bosques tropicales se reducen; todos los días numerosas especies animales y vegetales allí vivientes desaparecen. ¿Llegaremos al extremo en que los hijos de los hijos solo verán a los bosques en fotografía o filmación?

El Amazonas es la reserva forestal más importante de planeta y, sin embargo, precisamente este bosque tropical es uno de los más destruidos, exterminándose también junto con las demás especies a numerosas culturas que tuvieron a la selva como su hogar milenario.

Es importante que comencemos a identificarnos con los bosques, como decían los habitantes del amazonas, "el bosque somos nosotros", también lo eres tú y todos los pobladores de la Tierra. La destrucción de la selva podría ser nuestra propia destrucción, porque detrás de un bosque destruido viene la erosión, es decir, la desertización que anula la posibilidad de la Tierra de continuar produciendo alimentos. Paradójicamente mientras la población crece, la Tierra cultivable se reduce, encaminándonos de esta forma a una hambruna que se convierta en la próxima pandemia.

Reflexiona y Responde:

Después de destruir la selva, proponen algunos empresarios reforestar la zona con una especie de árboles, ¿tú crees que una sola especie puede constituir una selva? ¿Por qué?

SEMANA 26

Biodiversidad

La vida de la humanidad sobre la Tierra ocurre en total interdependencia con especies animales y vegetales, incluso dependemos de los microorganismos, que en conjunto posibilitan los procesos biológicos que nos mantienen vivos. Dependemos de la riqueza de la vida llamada biodiversidad, somos parte de una constelación de comunidades biológicas y ecológicas que posibilitan la vida en la Tierra. Si permitimos su destrucción, estamos anulando la capacidad del planeta de mantenernos con vida en su seno.

Parece, sin embargo, que la lógica capitalista y comercial solo está interesada en la rentabilidad y el lucro, olvidando que no podríamos habitar la Tierra sin ser parte de esa comunidad biológica de la que dependemos. Ni siquiera hemos llegado a conocer todavía a todas las especies que habitan en la Tierra, algunos científicos nos hablan de que no conocemos más que a un porcentaje, que hay muchos que permanecen descocidos.

La estabilidad y el equilibrio ecológico que posibilita nuestra vida en la Tierra, se debe a ese maravilloso entramado llamado biodiversidad, donde todos dependemos de todos. Independientemente de que esta sea una buena o mala noticia, necesitamos de los demás para continuar viviendo sobre la Tierra, de manera que proteger la biodiversidad, a todas las semillas orgánicas y los ecosistemas, resulta un requisito de supervivencia.

Las plantas silvestres, los microorganismos, incluso las especies más distantes de una sabana africana, por ejemplo, resultan importantes para el equilibrio planetario. Si queremos continuar viviendo en la Tierra, si queremos salvar la Tierra y con ello salvarnos, necesitamos respetar esa maravillosa sinfonía que interpretan permanentemente los integrantes de la biodiversidad. Ese es un camino por el que podremos garantizar un futuro mejor, es un reto y una oportunidad para reencontrarnos y juntos posibilitarnos un mundo feliz.

Reflexiona y Responde:

¿Crees que es posible la vida en el planeta tierra sin la biodiversidad que posee actualmente?

SEMANA 27

Hay mucho que hacer

Da la impresión que algunas empresas, como algunos gobiernos ven a la Madre Tierra como si ella estuviera esperando que la conquisten, que la exploten, que la conviertan en materia prima y en ganancias. Esa mentalidad tiene que cambiar urgentemente. El deterioro ecológico es tan grande que ya no podemos permanecer indiferentes, hay una crisis a nivel de la naturaleza y ha sido provocado por un modelo de desarrollo y una organización social que no respeta a la naturaleza.

Hace falta presionar, desde los niveles ciudadanos y los movimientos sociales, para incorporar la problemática ecológica como temario oficial; así como se habla de derechos humanos, necesitamos hablar de los derechos de la Tierra, de la necesidad de un uso adecuado de los recursos naturales, de la capacidad de la Madre Tierra de mantenernos con vida en su seno, de la biodiversidad y cómo sin ella no sería posible nuestra vida. Necesitamos socializar y debatir temas como la polución a diferentes niveles, la necesidad en este sentido de establecer parámetros nacionales e internacionales que nos permitan regular adecuadamente nuestra relación con la Madre Tierra.

Hace falta promover mayor investigación a nivel ecológico y encaminarnos a financiar proyectos que incorporen el uso de tecnologías alternativas. Hace falta también planificar con criterio ecológico los nuevos asentamientos humanos, así como repensar criterios de desarrollo y estar conscientes de los límites de agotamiento que caracterizan a los recursos no renovables. Junto con ello, es necesario también generar consciencia en la población en su conjunto respecto a temas como los delitos ecológicos, sancionando a los responsables, porque dañar a la naturaleza es perjudicar a la humanidad en su conjunto. Es urgente la creación de consejos de administración de programas ambientales, así como fondos ecológicos para financiar este tipo de iniciativas. De igual manera premiar a las iniciativas privadas más ecológicas y de bajo impacto ambiental. Hay mucho que hacer, pero lo importante es empezar y cuanto antes.

Reflexiona y Responde:

¿Son necesarios los microorganismos?

SEMANA 28

Ecologistas en práctica

Es que tenemos derecho a continuar viviendo en la Tierra. Igual derecho les asiste a los niños que aún no nacieron, por ello resulta urgente la implementación de programas de auténtica supervivencia, que nos permita abordar la problemática ambiental con riguroso criterio integral.

El panorama actual nos muestra cambios climáticos, desforestación, intensa contaminación. Todo esto se convierte en una amenaza para un futuro mejor, sin embargo, podemos reorientar la marcha, generando espacios de reflexión, de investigación, incluso de protesta o de boicot hacia los que continúan deteriorando la naturaleza. Hace falta también generar mecanismos de presión para evitar nuevos ensayos nucleares y el uso armas con sustancias toxicas o microbios letales. Es necesario alertar sobre el riesgo del uso de la energía nuclear y la inevitable basura radiactiva que se envía a la Tierra, al mar, o al espacio. Es importante, que como consecuencia de una nueva manera de afrontar la vida, podamos extender la reflexión ecológica hacia los niños y el futuro que les espera.

El maltrato a la Tierra es una agresión contra las nuevas generaciones. El derroche de recursos al norte en vidas ostentosas y carreras armamentistas, es un insulto por los que están luchando por no morir de hambre. Los accidentes con gran contaminación ecológica, como Bhopal en la India y Chernobyl en Ucrania, revelan la peligrosidad de la tecnología actual y el gran perjuicio que se puede hacer a la naturaleza.

En esta perspectiva, si queremos seguir viviendo en la Tierra, necesitamos rediseñar nuestras sociedades, concientizándonos de los límites que tiene la Tierra, habituándonos a una vida más austera y fundamentalmente creando sociedades descentralizadas, sustentables, en los cuales se pueda aprender a vivir de otra manera. Vivir en la Tierra ahora, incluye un requisito: aprender a vivir sin destruirla.

Reflexiona y Responde:

¿Qué significa ser ecologistas en la práctica?

SEMANA 29

Seguimiento ecológico

No importa cuántos fracasos hayamos acumulado en este intento de proteger a la naturaleza. No importa cuántas críticas recibamos de quienes se lucran con el ecocidio. Es necesario seguir adelante y con optimismo. Es importante saber diferenciar las posturas estrictamente ambientalistas que proponen un abordaje de la problemática ecológica en un contexto estrictamente técnico, desembocando en posturas que en el fondo son un simple maquillaje que incluso podría mejorar el rostro a este sistema, que desde el enfoque ecologista precisa cambiarse.

Los ecologistas cuestionamos paradigmas antiecológicos y estilos de vida consumistas. Cuestionamos estructuras organizativas y una filosofía que privilegia lo material, lo financiero, la cantidad y la rentabilidad. Los ecologistas pensamos que hace falta poner casi todo en tela de juicio y no descartamos diversos tipos de acción que nos permitan generar mayor consciencia y compromiso de las mayorías, para poder llevar adelante nuevos modelos de sociedad. No creemos que sea necesario parches verdes ni filtros en cada chimenea. Se trata de abrir un espacio de rigurosa autocrítica, cuestionar actitudes depredadoras de multinacionales o incluso gobiernos que autorizan y participan de explotaciones de riquezas con características devastadoras de la naturaleza y toda forma de vida cercana.

Desde el ecologismo se intenta repensar la forma de vida propuesta, manejar los recursos con un criterio no cortoplacista y fundamentalmente enfatizar en hábitos y maneras de vivir para, desde cada uno y su forma de vida, implementar transformaciones duraderas que nos permitan otro modelo de sociedad. En este sentido apuntamos por una existencia de una autoridad ecológica internacional, un organismo quizás dependiente de las Naciones Unidas que premie y sancione las iniciativas o delitos ecológicos. De esta manera con una autoridad mundial a nivel ambiental podremos tener mejor seguimiento a los modelos de desarrollo promovidos por los propios gobiernos, los cuales tendrán que inevitablemente ecologizarse.

Reflexiona y Responde:

¿Qué debemos hacer si queremos seguir viviendo en la tierra?

SEMANA 30

Basura

Uno de los principales problemas ecológicos de esta época es el estilo de vida capitalista derrochador, que produce inmensas cantidades de basura. Algunas empresas, incluso en franca mentalidad antiecológica, anuncian el uso de envases no retornables, lo que significa que en cuanto se consume el producto, a veces en cuestión de minutos, aquello se convierte en basura. Las ciudades son fábricas de basura en cantidades sorprendentes, gran parte de este material no se recicla, no se reutiliza, simplemente se acumula para hacer incinerar, generando más contaminación o para ser enterrado alterando los ecosistemas naturales y subterráneos.

La tecnología actual nos permite manejar los residuos, desde su separación en los basureros hasta el reciclaje correspondiente, en especial, de la materia orgánica que tiene que volver a la Tierra, hasta el papel y cartón que son reciclables, los plásticos que se pueden reciclar o reutilizar, así como los vidrios, los metales y gran parte de los productos.

Quizás la primera buena decisión sea producir la menor cantidad posible de basura. Como segunda medida, reutilizar todo lo que sea posible y, junto con ello, reciclar lo que sea reciclable, separando para facilitar cada tipo de basura y devolviendo el material orgánico como abono a la Madre Tierra.

Todo comienza con generar el hábito de separar la basura, agrupando los residuos en diversos grupos, de manera que podamos crear un circuito que reduzca, a casi nada, la basura. Hay otra medida que podemos implementarla desde hoy mismo y es el reducir significativamente el uso del plástico, incluso suprimirlo, en especial en forma de bolsas, que muchas veces innecesariamente envuelven a otros recipientes. No debemos olvidar que el plástico demora incluso décadas en desintegrarse, por lo que tirar una bolsa plástica a la naturaleza es contaminar el entorno incluso de las próximas dos generaciones.

Reflexiona y Responde:

En algunos países se resuelve el tema de la basura fabricando montañas artificiales con una tapa de tierra y césped. Si seguimos así podríamos terminar sepultados en nuestra propia basura.

¿Qué sugieres para reducir la producción de basura?

SEMANA 31

Salud y ecología

Dijimos antes que vivimos en una completa e inevitable interdependencia con la naturaleza y toda forma de vida allí contenida. Comprender cómo funciona la Madre Tierra, ayuda a coexistir con ella armónicamente y ser beneficiado por el caudal energético que nos provee, empero, contaminar la naturaleza, generar desequilibrios en ella, destruir los bosques, exterminar especies, produce significativos desequilibrios que se traducen a corto o mediano plazo en nuestro propio desequilibrio, esto es la aparición de cada vez más peligrosas enfermedades, algunas de ellas de carácter infeccioso, como los transmitidos por los roedores o mosquitos u otras de carácter degenerativo como el cáncer y el mismo SIDA.

Una naturaleza bien equilibrada, con una alimentación adecuada, se puede traducir en salud, es decir, calidad inmunológica. Por el contrario, desequilibrios ecológicos, basura acumulándose al aire libre, hacinamiento demográfico en las ciudades y otras formas de contaminación, afectarán nuestra vitalidad y, en especial, la capacidad inmunológica que nos permite evitar invasiones microbianas. De esta forma podemos comprender la cercana relación entre salud y ecología. Podemos incluso comprender enfermedades como el SIDA, como la manifestación de un problema que refleja un desequilibrio inmunológico producido por estímulos contaminantes y debilitantes como el estrés, que nos van convirtiendo en organismos vulnerables, es decir, ecosistemas aptos para la invasión de los llamados microbios oportunistas que terminan generando un deterioro mayor en nuestra vitalidad ya fragilizada.

De igual manera, el cáncer con su característica incurable y su múltiple manera de manifestarse, revela el gran riesgo de vivir expuesto a diversos factores contaminantes que van deteriorando nuestro organismo. Es como si esta enfermedad fuera un desastre natural traducido a nivel corporal, que termina produciendo la muerte. Para vivir bien, para tener salud hace falta que también la naturaleza esté sana.

Reflexiona y Responde:

¿Qué relación existe entre salud y ecología?

SEMANA 32

Ciudades ecológicas

Estamos diseñados para vivir en contacto cercano con la naturaleza, para ver preferentemente colores como el azul y el verde, que nos tranquilizan y armonizan. Durante muchos milenios, el ser humano ha sido itinerante, ha recorrido diversas geografías; es hasta recientemente, mucho tiempo después, que el hombre se ha instalado en pueblos, que luego se convirtieron en ciudades, que, a su vez, se han convertido actualmente en mega ciudades, compuestas por millones de personas viviendo en un caos sonoro y de intensa contaminación a varios niveles.

Quizás sea necesario desconcentrar las ciudades, volver a privilegiar lo pequeño, lo descentralizado, lo manejable. Quizás sea imprescindible en esta nueva planeación generar más áreas verdes, más espacios naturales, más zonas y parques protegidos, de manera que los habitantes urbanos puedan reconectarse con la naturaleza y disponer de numerosos espacios públicos, manejados con criterio ecológico.

Es importante que los centros educativos también puedan, parte del tiempo, funcionar con aulas en plena naturaleza y con salidas permanentes a la montaña y a los parques, para posibilitar el reencuentro y la familiarización de los estudiantes con la naturaleza.

No se puede vivir bien, menos aún con salud, en ambientes estrictamente urbanos y que prescindan completamente de la naturaleza. No podemos tampoco disponer de una alimentación fundamentalmente artificial y de hábitos que excluyen totalmente a la naturaleza. Estamos diseñados para respirar aire, movernos entre árboles y caminar, si es posible, descalzos sobre la Tierra; eso nos da agilidad, vitalidad, salud y nos permitirá proponer y luchar para ecologizar las ciudades, así como para tener en ellas auténticos refugios de salud y bienestar. Las ciudades tienen que volver a construirse para los seres humanos, para los peatones, en vez de diseñarse solo pensando en los automóviles y la tecnología.

Reflexiona y Responde:

¿Es posible plantear una ciudad ecológica?

SEMANA 33

Somos el origen de los problemas

Somos el origen de los problemas. Quizás no todos de la misma manera, pero no podemos negar que de alguna forma somos corresponsables del estado en que se encuentra la humanidad. Estamos conscientes que muchas cosas no están en nuestras manos, sin embargo, podemos empezar a tomar decisiones en nuestro ambiente más cercano, en el hogar que poseemos, reorganizándolo de tal manera que podamos posibilitarnos formas de vida armónicas, a pesar de la diversidad que pueda existir entre los integrantes.

Hay una manera de pensar, una ideología que en otros tiempos ha intentado convencernos de conceptos errados, como dominar la naturaleza y explotarla, cuando en verdad todos somos naturaleza y la idea de explotarla implica nuestra propia explotación. Es por ello que precisamos transitar hacia actitudes y formas de pensar más críticas y por supuesto también autocríticas.

Hace falta también oponerse a todo proyecto que no demuestre respetar la naturaleza, hace falta explorar otro tipo de soluciones; hay un ecocidio indisimulable, hay una destrucción galopante y esto no puede continuar así. Si la ecología estudia los seres vivos en relación a su entorno, tendrá que comenzar estudiando al ser humano, como la especie más contaminante; tendrá que contemplar también la lógica económica que predomina las ideológicas políticas, los criterios de desarrollo y el haber, en la mayor parte de los casos, expulsado a la ética del ámbito del ejercicio del poder.

Hace falta revisar y repensar la relación del ser humano con la naturaleza. Quizás sea recomendable redefinir lo que entendemos por humano y lo que comprendemos por naturaleza. Tal vez aquí tengamos que poner en tela de juicio conceptos como la naturaleza superior del hombre respecto a los demás seres vivos. Consideramos esta coyuntura como un excelente espacio para repensar todos los acontecimientos y explorar nuevas alternativas de solución.

Reflexiona y Responde:

¿Si somos el origen de los problemas, cuál crees que es el origen de las soluciones?

SEMANA 34

Economía ecológica

Sabemos del divorcio existente entre la economía y la ecología. Comprendemos la lógica de la economía tradicional basada en la rentabilidad y el logro de resultados lo más rápido posible. Sabemos que la economía busca producir y mejor en cantidad, busca vender sin preguntarse por el impacto ambiental, es más, se fabrican necesidades de acuerdo a objetivos empresariales. Sabemos también que no es suficiente criticar la producción antiecológica y el consumismo deshumanizante, que hace falta explorar otras posibilidades, por ejemplo, una economía ecológica entendida como una disciplina que tenga como eje la sustentabilidad, es decir, una ciencia que parta comprendiendo la articulación que existe entre sistemas económicos y ecosistema.

Una economía con estas características incorpora términos como la equidad, la distribución justa, la ética, además de respetar la diversidad cultural; posibilita relaciones intergeneracionales, además de discrepar con la lógica tradicional de la economía.

Una economía ecología intenta moverse a escala humana y, por tanto, cuida el equilibrio de los ecosistemas a los cuales comprende como patrimonio natural. La economía ecológica enfatiza en el uso de recursos renovables, adecuadamente manejada, es decir, respetando su tasa de renovación. Por otro lado, considera fundamental la preservación de la biodiversidad y antes de ello el manejo adecuado de recursos.

Se trata de otra lógica que nos permita repensar prácticas como la propiedad, el consumismo y la acumulación de riquezas, otorgando una visión sistémica y multidisciplinaria, que va más allá del mero paradigma económico tradicional. Se trata, en definitiva, de ir explorando y debatiendo otro modelo de sociedad y desarrollo que posibilite consumos sustentables, intercambios justos, junto con una calidad de vida que incluya salud y felicidad.

Reflexiona y Responde:

¿Se puede hablar de economía ecológica?

SEMANA 35

¿Capitalismo ecológico?

Desde una lógica básicamente técnico/ambientalista, se puede concebir la solución de los problemas ecológicos a partir de la implementación de fuertes sanciones a quienes no se equipen con filtros y otros procedimientos tecnológicos para reducir la polución a la naturaleza. Desde una crítica ecologista nos preguntamos si es posible concebir algo como un capitalismo ecológico y sostenible, sin caer en una ambigüedad sospechosa o incluso en una flagrante contradicción, ya que hemos identificado al sistema capitalista como la causa fundamental de la crisis ecológica que afecta al planeta en su conjunto.

No parece posible que la solución provenga del mismo lugar que proceden los problemas; parece poco probable que quienes funcionan con una lógica depredadora y ecocida, se propongan al mismo tiempo, sin interrumpir su praxis antiecológica, realizar medidas de corte técnico, para menguar o anestesiar el deterioro que producen a la salud del planeta. Nosotros somos partidarios de la exploración y construcción de otras formas de vida, de otros modelos de organización y producción.

El capitalismo es esencialmente antiecológico, depredador, es como si no pudiera existir sin destruir y explotar al ser humano y a la naturaleza. Parece también que este sistema conlleva en su interior inevitables crisis y contradicciones permanentes, de manera que plantear su sostenibilidad a partir de medidas ecológicas resulta una contradicción. El capitalismo, desde el punto de vista ecológico, no es sostenible, no es viable. Su consumismo, su individualismo, su vocación explotadora son totalmente incompatibles con valores como la solidaridad, la propiedad comunitaria, la reutilización de productos y envases. Mientras, nosotros valoramos la sabiduría ancestral y la presencia de los pueblos indígenas, en cambio desde la lógica capitalista todo es mercancía y la destrucción de la biodiversidad, así como el apropiarse de la sabiduría ancestral, es un buen negocio.

Nosotros anhelamos una sociedad más humana, más ecológica, en la que puedan nuestros hijos y nietos vivir disfrutando.

Reflexiona y Responde:

¿Es correcto decir capitalismo ecológico?

SEMANA 36

Seguimos adelante

Tengo la impresión de que el hombre contemporáneo, embriagado por su desarrollo tecnológico, se ha olvidado vivir, reduciendo su existencia a una secuencia sintética y sin sentido, básicamente externa y enfocada en el consumo.

Tengo la impresión de que los más osados se quejan y luego se van a la cama a dormir tranquilamente, mientras se adaptan peligrosamente a lo que jamás tendríamos que aceptar. Ciertamente, uno de los principales defectos del ser humano es su gran capacidad para adaptarse a todo, obviamente, luego el cuerpo nos va pasando la factura, porque no hay acción sin reacción, ni adaptación sin efectos colaterales.

La gente vive en las grandes ciudades si aire puro, en medio del ruido y diversos factores contaminantes. La gente vive aislada, asustada, sin contacto con la naturaleza, corriendo para poder obtener más dinero, para poder comprar más cosas que a menudo ni siquiera necesita. Y todo eso le parece normal, todas las manías y los malos hábitos, los defectos y las adicciones actuales, han pasado a formar parte de un estilo de vida que no cuestiona semejante comportamiento. Parecería incluso que no fumar o beber alcohol es un indicio de incivilización y falta de buenos modales.

De esta manera, el mundo se desplaza repartiendo asfalto por todo lado, cortando árboles, exterminando especies y envenenándose a sí mismo con medicamentos cuyos efectos colaterales ignora, con artefactos contaminantes que están dentro de la casa y sin que nada de ello le produzca ni siquiera un momento de insomnio.

Parece que el hombre contemporáneo se ha habituado a producir desastres naturales y luego quedarse pensando que son obra de la naturaleza. Parece, sin embargo, que aún no es demasiado tarde para cambiar.

Reflexiona y Responde:

¿Es mala la tecnología?

SEMANA 37

El arte de reaprender a vivir

A partir de la ecología podemos reencontrarnos con la vida silvestre y con la belleza inherente a la naturaleza. Podemos reencontrarnos con los amaneceres, con los arcoíris, con el canto de los pájaros y con una salud expresada en abrazar un árbol, en correr descalzos sobre la Tierra, en danzar bajo la lluvia, en volver a enamorarnos de la vida en su versión más natural.

A partir de la ecología podemos repensarlo todo; quizás no necesitamos llenar la casa de cosas, ni vivir en función de tener y tener cada vez más. Quizás la vida es otra cosa e incluye ratos de meditación, de contemplación silenciosa de una noche estrellada o simplemente del quedarse observando los desplazamientos sin prisa de un caracol. La ecología no es una disciplina para especialistas, es una filosofía del cada día, para poder continuar habitando la Tierra, para que este breve paso por este planeta esté caracterizado por salud y felicidad.

La ecología nos ayuda a viajar con otra actitud, a revalorar las culturas ancestrales, a ir por la vida con más reverencia. Nos ayuda también a revisar nuestras prioridades desponjándonos de falsas necesidades, a rediseñar nuestra casa y volverla más natural, a manejar los espacios con criterio ecológico y no ser tentados por el consumismo que nos recomienda excedernos en contra del llamado de la Madre Tierra.

Le ecología nos recuerda que somos parte de la naturaleza, que estamos de paso por la Tierra, que todos tenemos una misión: devolver en buen estado a la Tierra que momentáneamente se nos ha prestado, cultivar lucidamente ese trozo de parcela, de Universo que todos somos, sintiendo que nuestra familia son todos los seres vivos y que en la medida en que aprendemos a vivir en armonía con la Tierra, todo funciona mejor, desde la salud hasta las relaciones interpersonales. La ecología quizás sea simplemente el arte de reaprender a vivir con agradecimiento en el planeta Tierra.

Reflexiona y Responde:

Elabora un proyecto personal aplicable a tu vida para desaprender lo antiecológico y reaprender una forma de vivir ecológicamente.

SEMANA 38

Observando cómo vivimos

Este siglo XXI, por donde sea que miremos está saturado de malas noticias. Hay, sin embargo, preciosas iniciativas para reconstruir la humanidad y salvar la naturaleza. En esta línea de reflexión te proponemos caminar a partir de ahora. Podrías comenzar, por ejemplo, viendo cómo está el mundo en el que vives, el continente, el país, la ciudad donde habitas, el barrio, tu casa, así como tus relaciones interpersonales. También podrías ver cuánto tiempo de la semana utilizas en salir a la naturaleza, cómo vives, qué consumes, cómo está el ambiente que te rodea, qué opinas del progreso por el que tanta gente se sacrifica.

La salud de la naturaleza, ya lo sabes, repercute en nuestra salud. Explotar la naturaleza supone una autoexplotación. ¿Será correcto vivir para producir y consumir? ¿Comprar incluso lo que no necesitamos? ¿Será correcto el individualismo, el autoritarismo y un estilo de vida en el cual el otro no importa?

Vivimos más de 7.000.000.0000 de personas en el planeta, de los cuales la mitad están mal alimentados, algunos en una situación de extrema pobreza. ¿Será esto consecuencia de un misterioso destino, de la voluntad de algún dios? ¿O resultado de modelos económicos y sociales que privilegian a los que más tienen y empobrecen a los más pobres?

Observemos cómo vivimos. No se trata de buscar culpables, sino de asumir responsabilidades y efectuar los cambios necesarios para que el futuro sea posible y mejor, para que los que vienen detrás de nosotros en forma de niños y jóvenes, sientan la alegría y la seguridad de estar habitando un planeta, quizás como el que conocieron los abuelos de los abuelos.

Lo que decidamos en este tiempo, lo que hagamos como sociedad y como personas, afectará de una u otra manera a las posteriores generaciones. Por eso es muy recomendable mirar cómo vivimos y no olvidarnos que detrás nuestro vienen nuevas generaciones.

Reflexiona y Responde:

Observa, desde un enfoque ecológico, cómo viven tus amigos y vecinos.

SEMANA 39

Reencontrarnos con la naturaleza

En la naturaleza las diversas especies participan de un equilibrio dinámico, en medio de una intensa diversidad que no impide una relación de equilibrio, es más, a mayor diversidad mayor riqueza en los ecosistemas. El hombre, sin embargo, en algún momento de la historia comenzó a olvidarse que era parte de la naturaleza, empezó a ver las cosas fragmentadas, separó el cuerpo del espíritu, la mente de las emociones, el trabajo intelectual del manual, la sociedad de la naturaleza, los mayores de los jóvenes, el hombre de la mujer. Ese modelo de sociedad ha fabricado seres fragmentados, incapaces de ver integralmente la situación y, por ello, con gran dificultad de asumir abordajes completos en un entramado de vida que realmente es maravilloso.

El divorcio del hombre con la naturaleza amenaza la supervivencia de todas las especies en la Tierra, la subordinación de la mujer al hombre genera una injusticia que discrimina el aporte de la mujer, la cual, en muchos lugares, aún trabaja más y es peor pagada. Hay más mujeres analfabetas, hay menos mujeres profesionales. Hay más mujeres en labores de gran explotación y todo esto por esa concepción que privilegia a unos y margina a otros, por esa tendencia a distribuir inequitativamente los recursos.

Desde la ecología sabemos que todo tiene que fluir buscando equilibrios, buscando complementariedades, buscando que todos estén bien, porque la naturaleza y la vida son una sola, un entramado donde todo depende de todo, basta que una parte esté mal para que repercuta negativamente en el todo.

Reencontrarnos con la naturaleza supone también un reencuentro con la mujer. Ello implica otros reencuentros, como por ejemplo con la unidad en la diversidad, con lo mágico, con la transcendencia y con el misterio de la vida. Reencontrarnos con la naturaleza en el fondo es un encuentro con uno mismo y con ese inmenso potencial interno, que al ser liberado, nos convertirá en algo más que ciudadanos, en seres humanos conscientes de su misión.

Reflexiona y Responde:

¿Cómo reencontrarnos con la naturaleza?

SEMANA 40

Visualizando

Visualizar significa construir imágenes mentales que podrían ser, en algún momento, una nueva realidad. Imaginemos una ciudad con sus calles llenas de flores e inmensos parques, con árboles frondosos y arroyos cristalinos. Imaginemos que las plazas están llenas de niños y de mariposas y que por las noches, en la época correspondiente, se llenan de luciérnagas u otros insectos que amenizan la conclusión del día. Si levantamos la mirada, un cielo cristalino se va llenando de estrellas, el aire está puro y se siente el olor a jazmines y madreselvas. Es como si la vida empezara a cada momento.

Visualiza a los niños como amigos de los animales, hablando con las flores mientras sus madres abrazan los árboles y danzan alrededor del fuego, conocido como Abuelo. Imagina también una ciudad donde todas las casas están hechas de la misma tierra, con arcillas de colores y flores reemplazando a las cortinas, que desde cada ventana decoran la vista de los transeúntes.

Imagínate una población feliz y llena de salud, donde el trabajo manual es igual que cualquier otro trabajo, donde los animales no huyen de los seres humanos, donde los ancianos comparten su sabiduría con los jóvenes antes de marcharse.

¿Te das cuenta lo que imaginamos? Es como se vivía antes, como se vivió durante muchos milenios. Por supuesto que no se trata de volver al pasado, la historia no va para atrás, pero es posible aprender de lo que ya fue, recibir de los que caminaron antes que nosotros enseñanzas y ejemplos. Quizás, todo lo que nos parezca nuevo son solo viejas novedades, que nos están llegando para recordarnos que la vida es otra cosa, que vivir incluye simplicidad, que no necesitamos tantas cosas para vivir bien, pero que es imprescindible percibir la vida como algo sagrado, aprender a vivir en relación armónica con la naturaleza y en un contexto de justicia respetar al otro, sin que su diferencia sea un obstáculo para la unidad. ¿Te imaginas todo esto? Si eres capaz de soñarlo, ya casi es real.

Reflexiona y Responde:

¿Es posible vivir sin sueños ni ideales?

SEMANA 41

Un mundo ecológico

Podrán acorralarnos las malas noticias y los desastres naturales formar amplias filas para visitarnos con frecuencia. Podrán los pesimistas profetizar la destrucción de la humanidad y la prensa sensacionalista especular con lo que nos podría pasar. Podrán los científicos decir el grave riesgo en que se encuentra la humanidad actualmente y esto sea verdad. Sin embargo, nada tiene que impedir que continuemos soñando, nada tiene que desanimarnos ni volvernos pesimistas. Que las adversidades nos fortalezcan, que las dificultades nos pongan de pie y que si tenemos grandes desafíos, seamos capaces de responder con grandes sueños.

Es posible repensar nuestra forma de vivir y organizarnos. Es posible rediseñar nuestra sociedad y dotarnos de una cultura más humana, más ecológica, más saludable, es posible, es más, es recomendable permitirnos un estilo de vida menos consumista y más disfrutador, menos agresivo y más celebrante. Es posible también que cada uno se organice para tener más conciencia, más sabiduría y menos ganas de competir con el otro.

Si todo esto lo organizamos colectivamente, si enfatizamos en lo que nos une, en vez de dar importancia a lo que nos separa, podremos, desde nuestras diferencias, generar unidades creativas que nos permitan tener nuevas familias, nuevas escuelas, nuevas maneras de interactuar entre nosotros, nueva relación con la naturaleza y, fundamentalmente, renovadas ganas de vivir la vida.

Este proceso breve, sin embargo puede ser maravilloso. Es la pausa que hizo la eternidad para regalarnos una oportunidad de evolucionar. No sabemos lo que viene después, pero algo ya comprendemos, estamos vivos, es más, estamos de paso y tenemos la capacidad de comprender la fugacidad y temporalidad y esto es suficiente para valorar cada instante y elevarlo a categoría de sublime. Quizás esto no sea científico, pero vale la pena, pues podría ser el inicio de una nueva humanidad.

Reflexiona y Responde:

¿Qué mundo te gustaría recibir cuando seas adulto?

SEMANA 42

El día del árbol

El hermano del hombre habita en los bosques, nos sustenta de oxígeno, nos protege. El hermano del hombre ha poblado corazones y arrancado miserias, dando su piel al abrazo solitario. El hermano del hombre nos nutre con sus frutos y aromas, con sus sonrisas y danzas que realiza dirigido por el viento. El hermano del hombre quieto, mira, ve las estaciones y sonríe.

El hermano del hombre gusta vivir en comunidades y servir al hombre dulce e íntegro. El hermano del hombre no puede caminar, pero sí sentir y siente que algo no está bien.

El árbol es el amigo del hombre, siempre le acompañó y ahora se ve amenazado. Antes fueron grandes bosques, ahora quedan solitarios árboles, añorando a sus compañeros ya talados.

El árbol no puede hablar, pero sí sentir. Las flores, sus hermanas, son comunidades enteras que habitan la Tierra y cantan sanadoramente, dulcificando la existencia.

Hoy el hermano árbol está llorando, solo, abandonado, pide un gran favor a cada corazón humano: "¡Pueblen la Tierra de árboles! ¿No se dan cuenta que cuando se eliminen los árboles se eliminarán los humanos? ¿No se dan cuenta que queda poco tiempo? Solo nosotros somos capaces de ser el pulmón de la Tierra, nosotros damos felicidad y cobijo al ser humano".

"Sí, hay poco tiempo, por eso te estamos buscando, a ti. Pero hay una solución para nosotros, instaurar el día del árbol. Un día al año en el que todo habitante de cada ciudad, plante un árbol autóctono. Entonces, volveremos a cantar y la esperanza curará nuestro miedo de ser exterminados".

Puedes ayudar a instaurar el día del árbol, regalando a cada niño su árbol para que lo plante y le vea crecer en el transcurrir de su vida.

Anímate. Si tú lo pides, un árbol te lo agradecerá. Luego será un bosque y luego el planeta Tierra, que eres tú.

Reflexiona y Responde:

Elige un árbol como amigo, habla con él y cuídalo.

SEMANA 43

¿Para qué futuro nos estamos reparando?

Todavía se dice: "la juventud es el futuro del país". ¿Futuro?, pero, ¿de qué futuro hablamos, si con el estilo de vida actual estamos destruyendo la posibilidad de que exista ese futuro? Hace poco, recorriendo territorio africano, pude ver el hambre en forma de personas, de niños, de jóvenes prematuramente envejecidos. Viajando pude ver fértiles Tierras, quizá las mejores, dedicadas al cultivo del tabaco, café o caña de azúcar, mientras sus pobladores son víctimas de la desnutrición y las enfermedades carenciales. He visto también jóvenes sin esperanza, inyectándose una droga para quizá olvidar, por un momento, la falta de sentido en su vida. Simultáneamente, en otras partes, se continúa fabricando desiertos, envenenando ríos, contaminando el aire al punto, pronto en las grandes ciudades no necesitaremos comprar cigarrillos, ya todos estaremos fumando con solo respirar.

Los alimentos son cultivados con abonos químicos, insecticidas y herbicidas, parte de esos venenos pasan al ser humano y luego se convierten en cáncer y otras enfermedades; como si eso fuera poco, hay un gran déficit de educación ecológica, los jóvenes no saben lo que está pasando, lo que les espera, se preparan ciegamente para un futuro que quizá no exista y ello es lo grave.

Los jóvenes necesitan preguntarse: ¿qué tiempos viviré?, ¿dónde estoy?, ¿quién soy?, ¿qué hicieron de mí?, ¿qué planeta heredaré?, ¿los desastres naturales son naturales?, ¿cómo se explica que simultáneamente haya inundaciones por un lado y sequía por otro?

Creo que los jóvenes pueden y deben comprender lo que está pasando a nivel planetario, en cada continente y país, creo que tienen que llegar al punto de darse por aludidos, comprender que se está jugando con su destino, para así poder comprometerse, desde ahora, con acciones y decisiones que prevean un futuro diferente, ojalá más ecológico, más humano, más pacífico o por lo menos, puedan prepararse con el entusiasmo de quien sabe que habrá un futuro mejor.

Reflexiona y Responde:

El futuro se prepara en el presente. Elige desde ya el mundo en el que quieres vivir y comprométete en su construcción.

SEMANA 44

Ecología y juventud

Los titulares de una reciente nota periodística señalan que la mitad de la población podría morir en un par de décadas, debido a los trastornos climáticos y desastres naturales que hasta entonces habrán ocurrido. No falta mucho para ese tiempo.

Recordemos algunos contaminantes que nos están envenenando junto a las demás especies animales, vegetales y a la Madre Tierra; el dióxido y monóxido de carbono que proceden de la actividad industrial y de la combustión vehicular, están alterando peligrosamente el clima y propiciando un calentamiento global de impredecibles consecuencias; los insecticidas y otros químicos usados en la agricultura, perjudican la Tierra alterando su natural capacidad productiva, envenenan alimentos y seres vivos, enfermedades como el cáncer, están relacionados con la ingestión de este tipo de venenos.

Sin duda son malas noticias, pero aún no es demasiado tarde y nosotros somos optimistas, sin embargo, tampoco podemos esperar más; quizás, el primer paso sea informarse, que cada estudiante o en grupos, investigue la situación ecológica nacional y planetaria, que cada joven participe en clubes ecológicos e iniciativas medioambientales, no esperemos que alguien venga a solucionar este problema, nuestra vida está en juego. Menos mal que en todo el mundo ya existen millones de personas trabajando a favor de la vida y la ecología, muchos de ellos son jóvenes que están reforestando y organizando conferencias ecológicas, caminatas para defender el Amazonas y maratones en pro del respeto a la Tierra.

Se puede hacer mucho, todo lo que tu imaginación lo decida, solo hace falta comprender que la pesadilla no puede, no debe ser un destino y que cada vez somos más los que estamos reforestando nuestros corazones.

Reflexiona y Responde:

¿Por qué es importante la ecología para la juventud?

SEMANA 45

Nuevas generaciones y medio ambiente

Caminan en este momento sobre la Tierra, millones de jóvenes, la mayoría estudian, se preparan para el futuro. De todos los jóvenes que actualmente acuden al colegio, algunos ingresarán a la universidad, unos pocos terminarán profesionalizándose y casi nadie logrará éxito y felicidad en su vida; eso muestran las estadísticas. Gran parte de los jóvenes quedan en el camino, cada vez más, caen en las manos del alcohol y de las drogas, varios terminarán sus vidas en una cárcel o en el manicomio. Parece una pesadilla y, sin embargo, es la realidad cotidiana. Las ciudades cada vez son más peligrosas, un secuestro, una bala perdida o la insoportable contaminación ambiental son ya parte de lo cotidiano.

La juventud está creciendo para vivir amenazada. Antes el riesgo era la bomba atómica, ahora las bombas son invisibles y estallan por todas partes, en forma de hambre, de injusticia, de contaminación, de manipulación y destruyen almas dejando al cuerpo vacío, circulando monótonamente, sumergido en su frivolidad, viviendo una vida sin sentido, sin consciencia, sin evolución. Quizás sea necesario repensar la forma en que educamos a las nuevas generaciones, transformar colegios y universidades, rediseñar ciudades, revisar nuestro estilo de vida, intentando aprender a vivir generando menos basura.

Tal vez necesitemos los jóvenes leer más, informarnos más de todo lo que está pasando en el mundo, un mundo que pronto quedará en nuestras manos. ¿Sabemos en qué estado nos lo dejarán? Cuando se habla de ecología se tiende a referirse a las plantas, a los animales y el bosque; decir medio ambiente supone, en la lógica convencional, aludir a la Tierra y su biosfera, pero, ¿acaso no está el hombre incluido en ella...?, ¿por qué no nos asumimos como naturaleza?, ¿por qué no nos enseñan que somos también Tierra, montaña, árbol y animal?, ¿hasta cuándo pensaremos que la selva está allá lejos incendiándose y creer que ello no nos afecta?

Es urgente hablar de una ecología de la cual somos parte y quizá la parte más peligrosa, la más depredadora, la más contaminante, una ecología que comience analizando el comportamiento humano, con necesidades innecesarias, vocación destructiva, para, a partir de una profunda autocrítica, atrevernos a modificar formas de pensar y de vivir.

Reflexiona y Responde:

¿Cómo mejorar la conciencia ecológica entre los estudiantes?

SEMANA 46

Somos lo que sembramos

Hasta hace poco se pensaba que las enfermedades, en especial las más peligrosas, eran producidas por microbios, actualmente sabemos que hasta las infecciones se deben a mutaciones y cambios en el entorno. De igual manera, los desastres naturales están lejos de ser naturales y son producidos por la actitud irresponsable del hombre, que de esta manera se fabrica plagas y hambrunas, mientras envenena la Tierra con una forma de agricultura que satura de químicos a la Madre Tierra, a tiempo de manipular semillas, no para alimentar mejor, sino para lograr mayor rentabilidad.

Ahora se sabe que las peores enfermedades son producidas por las agresiones al medio ambiente, es decir, por la cantidad de venenos enviados al aire, al agua, a la Tierra, a los alimentos y a la mente misma de la gente que vive contaminada, no solo por químicos, sino también por el miedo o la ignorancia. Enfermedades como el cáncer, responsable de la muerte de millones de personas en el mundo, tienen directa relación con la contaminación. Actualmente aparecen nuevas y mortales enfermedades degenerativas que también se originan en la contaminación ambiental; es que no podemos envenenar nuestra casa y esperar salud y felicidad, no podemos destruir la naturaleza y esperar un futuro mejor y esto es precisamente lo que todo joven debe reflexionar.

La salud se cultiva desde la más temprana infancia, es consecuencia de las formas de vida y de las condiciones en que cotidianamente nos desenvolvemos. No se puede tener vicios y salud al mismo tiempo, no es posible esperar un futuro mejor si no hacemos nada desde este presente, no podemos esperar ser felices y simultáneamente estar destruyendo la Madre Tierra. Los jóvenes tienen derecho a heredar un planeta habitable, a vivir sanos y felices, los jóvenes tienen derecho a saber lo que les espera.

Reflexiona y Responde:

Se dice que cosechamos lo que sembramos. ¿Qué estamos sembrando?

Responsabilidad ecológica

Recientemente la prensa ha informado el descubrimiento de un planeta habitable a muchos millones de kilómetros de la tierra. Se sabe también de diversos experimentos en los cuales se está probando la posibilidad de vivir en estaciones o barrios espaciales; simultáneamente, se continúa destruyendo nuestro único planeta, con un estilo de vida depredador y una forma de progreso destructiva.

Es que no se puede continuar viviendo en la tierra si seguimos destruyendo los bosques que fabrican oxígeno, envenenando los ríos y fuentes de agua dulce, enviando a la atmósfera cantidad inmensa de contaminantes y basura, destruyendo la tierra fértil donde se producen alimentos. Ahora se sabe que el planeta tierra funciona como un gigantesco ser vivo que se auto-regula, donde todo está conectado, de manera que ningún hecho, ninguna agresión al medio ambiente queda aislada. De esta manera, la contaminación atmosférica del norte se convierte en lluvia ácida en el sur; la fumigación intensa en los países industrialazos, se traduce en plagas y trastornos climáticos en países sin industria.

Habitamos un solo y pequeño planeta donde la vida es posible, solamente si aprendemos a vivir sin destruir su equilibrio. Ocurre, sin embargo, que unos cuantos países, los que tienen más industria y economía, están decidiendo por todos y esa decisión, aunque no la digan, es arriesgar la posibilidad de seguir viviendo en la tierra, para no disminuir sus ganancias.

Tenemos que ver al planeta como un barco navegando en el océano infinito; tenemos que vernos a cada uno de nosotros, no como pasajeros sino como tripulantes, con la responsabilidad de que no naufrague nuestro planeta.

Es más fácil, más económico y más inteligente, no destruir el planeta, que salir al espacio a buscar otro lugar que habitar. Es necesario pensar en las nuevas generaciones que habitarán la tierra y el futuro.

Reflexiona y Responde:

¿Cuál sería una actitud de responsabilidad ecológica?

SEMANA 48

¿Qué le pasa a la tierra?

Inhundaciones destruyen los cultivos al norte del país, al sur la sequía arrasa con todos los sembradíos, en todas partes la crisis alimenticia, la hambruna, mata animales, niños y ancianos. Los huracanes y tornados se intensifican, así como terremotos, tsunamis y otras catástrofes. Algo muy grave se le está haciendo a la Madre Tierra.

Mientras la desenfrenada carrera tecnológica continúa, el progreso parece engrosar de espaldas a la vida, a la salud y a la felicidad de la gente. Hay un problema pendiente de reconocer: es que el estilo de vida actual es incompatible con el equilibrio ecológico, es decir, si continuamos con el derroche y despilfarro, si seguimos devastando bosques y fabricando desiertos verdes, cultivando una sola especie, que por antinatural se llenará de plagas y requerirá abonos químicos. Si nos empecinamos en continuar destruyendo nuestro único planeta, nos pasará lo mismo que le ocurrió al Titanic: nos hundiremos, pero no por haber chocado con una montaña de hielo, sino por nuestra propia estupidez que resultó ser más dura que el mismo hielo.

En verdad, si no cambiamos, estamos caminando rumbo a un naufragio planetario, hay a la vista un "iceberg" poco visible, traducido en estructuras económicas, políticas y mentales que nos quieren obligar a continuar viviendo de una forma irresponsable y suicida.

Sin embargo, es posible un futuro mejor. Quizá, el primer paso sea reforestar nuestros corazones, tomar conciencia, actuar con responsabilidad; la Madre Tierra es como un ser vivo que sin salud, sin equilibrio, no podría mantener vida en su seno. En este momento, ella nos está enviando un mensaje, eso que los técnicos llaman desastres naturales, son los gemidos de la *Pachamama,* el clamor desesperado que emite para intentar despertar al ser humano de su aventura destructiva que nos acarreará el exterminio de toda forma de vida. Salvar la Tierra es salvar nuestra propia vida como humanidad toda. Nosotros somos optimistas, pero hay que actuar rápido porque un día, cualquier día, podría ser el último día.

Reflexiona y Responde:

¿Por qué crees que cada vez hay más desastres naturales?

SEMANA 49

Fabricando desiertos

Es verdad que los desiertos son consecuencia de un prolongado proceso geológico, que configuró hace algunos milenios la geografía contemporánea. Sin embargo, hay un proceso llamado desertización, que no es natural sino provocado por el ser humano, por una concepción de progreso, por un estilo de vida que ignora los ciclos naturales y el equilibrio ecológico y, por ello, los rompe y degrada, convirtiendo fértiles zonas, antes productoras de abundante alimento, en zonas semiáridas o verdaderos desiertos que de esta manera se han ido incrementando en el planeta.

En el mundo entero, cada año se deterioran siete millones de hectáreas de Tierra cultivable, cada año se pierden 24 mil millones de toneladas de Tierra fértil, sin olvidarnos de que solo el 11% de la superficie de la Tierra es cultivable, que el resto de los suelos son muy secos, muy húmedos o simplemente no son aptos para la agricultura; por ejemplo, la selva amazónica tiene una cobertura vegetal superior, demasiado delgada para un uso agrícola permanente, por eso las raíces de los árboles son superficiales y el bosque sobrevive autoabandonándose, empero, sin arbustos y árboles, en escasos años, ya no serviría para cultivar.

La desertización comienza con la erosión; ella, a su vez, se debe al uso irresponsable y sin criterio ecológico de la Tierra; estoy pensando en el sobrepastoreo, en la tala indiscriminada de árboles y arbustos, en el uso de abonos químicos y en una irresponsable expansión de las zonas urbanas, que invaden Tierras agrícolas y siembran casas donde antes se producía alimentos. Al erosionar los suelos, estamos produciendo una enfermedad cutánea a la Madre Tierra, la cual se traduce en sequía o inundación, que a su vez, retroalimentan y generan más erosión, de esta manera, los desiertos crecen junto con el hombre y los desastres naturales producidos por una forma antiecológica de pensar y vivir. Los jóvenes tienen la palabra al respecto.

Reflexiona y Responde:

¿Es posible fabricar un desierto?

SEMANA 50

El agua, motivo de guerra

Para nadie es novedad que sin agua, la vida no es posible. Somos básicamente agua y el agua dulce, el agua bebible, es apenas el 3% del total, el resto, es agua salada del mar, no apta para el consumo humano y de muy costoso tratamiento si quisiéramos volverla saludable. De ese 3% disponible la mayoría está congelada en los polos, de manera que es aún más escasa el agua disponible para el consumo. Paradójicamente, el agua se derrocha y mal utiliza, se contaminan los ríos y lagos; en varios de ellos, como en el lago Titicaca, desembocan alcantarillas y cloacas, predisponiendo a sus consumidores a procesos infecciosos diversos. El agua está también mal distribuída, al haberse convertido en mercancía, ha pasado en muchos países a ser propiedad privada, afectando a los sectores de escasos recursos, imposibilitados de comprar toda la cantidad de agua dispensable para cubrir sus necesidades. Hay países que se van quedando sin agua, como varios países africanos que terminan dependiendo de la ayuda internacional. Sin embargo, la amenaza de quedarse sin agua es un fantasma que merodea cerca de la mayoría de los países, situación que podría traducirse en el futuro en conflictos bélicos y rivalidades entre países cercanos.

A pesar de la importancia y escasez del agua, esta es contaminada por la industria, por los desechos urbanos y procedentes de la agricultura química, que alteran el ciclo hídrico y favorecen la aparición de especies acuáticas (algas) que al crecer excesivamente, se convierten en un cáncer, que al final del proceso agotan el oxígeno y vuelven inservible al agua, incluso para los peces. Se contaminan los ríos y lagos, así como acuíferos y aguas subterráneas, en las cuales cada vez más se encuentran peligrosos contaminantes como sulfatos, nitratos, incluso venenos como arsénico, plomo y mercurio provenientes de los plaguicidas, de los detergentes y del mismo sistema de alcantarillado.

Pero la contaminación no solo afecta a las aguas dulces, también llega al mar, que es intensamente polucionado por petroleros accidentados, por desechos urbanos y por contaminación radioactiva. Todo esto se traduce en enfermedad y muerte de millones de personas y niños por año, menos mal que este es un problema evitable y su escasez posible de resolver adoptando otro estilo de vida y formas de organización, más humanas y ecológicas.

Reflexiona y Responde:

¿Se podría en el futuro desatar una guerra por motivo de la escasez de agua?

SEMANA 51

Y ahora, ¿qué hacemos?

No se trata de ceder al pesimismo, pero resulta indispensable observar críticamente lo que está ocurriendo a nivel local y planetario.

Como grandes causas de esta situación señalamos a la imposición a nivel mundial, de la cultura occidental consumista y depredadora, una cultura que no valora la relación armónica entre la sociedad y la Madre Tierra, una forma de organización que privilegia lo económico y, desde esa lógica, percibe a la Naturaleza como materia prima inagotable. De esta manera, cuanto más se progresa, más daño se hace a la Naturaleza, por cierto, no se trata de no progresar, sino de hacerlo sin destruir el único planeta que tenemos para vivir.

Otro problema fundamental es la explosión demográfica, la Tierra duplica su población cada 35 años, es decir, si ahora somos 7 mil millones en 35 años ya seremos 14 mil millones, en 70 años 28 mil millones y así sucesivamente, y no hay planeta que resista semejante crecimiento. Hace falta revisar nuestra forma de pensar y de vivir, nuestra educación y ciencia, nuestra forma de organizarnos y la relación con la Naturaleza; hace falta aprender desde jóvenes a vivir sin destruir ni contaminar, hay recursos para ellos, en especial si no se malgastan recursos económicos y humanos en guerras absurdas y publicidad innecesaria.

Hace falta conocer bien los problemas ecológicos, dotarnos de una legislación adecuada, repensar la ciencia, el progreso y organizarnos desde una ética ecológica que nos permita reorganizar nuestra forma de vivir reaprendiendo principios como la reciprocidad y la solidaridad que caracterizaron a nuestros remotos antepasados, volviendo a ver en la Tierra ese paraíso que todos anhelamos. Todo esto aún es posible, en especial si las nuevas generaciones se niegan a la resignación y se preparan desde ahora, para hacerse cargo de construir un mundo nuevo.

Reflexiona y Responde:

Y después de conocer el panorama ecológico resumido en este libro, ¿qué hacemos?

SEMANA 52

Consejos para salvar nuestra nave-planeta-tierra

- Ahorra agua, desde la ducha, el lavado de alimentos, la lavadora y lavavajillas, las plantas puedes regarlas con agua ya utilizada.

- No arrojes al inodoro compresas, tampones, preservativos, papel, pues esto va al mar.

- No tires el aceite al fregadero. No tires aceite quemado al agua, pues dañas miles de litros de agua. Ni arrojes basura al mar, ríos o lagos.

- Champús, jabones, geles, etc., son contaminantes. Utilízalos lo menos posible.

- Reutilizar y reciclar papel y cartón ayuda a talar menos árboles. Escribe por los dos lados de la hoja. Utiliza servilletas, pañuelos y papel higiénico, lo menos posible.

- Es mejor envases de vidrio que de plástico o aluminio.

- No consumas enlatados.

- No consumas alimentos transgénicos (manipulados genéticamente), ya que su producción contamina los ecosistemas deteriorando el medio ambiente.

- No consumas alimentos exóticos como tortugas, chigüiros, iguanas, serpientes, etc.

- No consumas pescados de tamaños pequeños.

- Consume alimentos orgánicos, ecológicos (sin pesticidas, sin insecticidas, sin colorantes, etc.)

- Minimiza el agua caliente.

- Minimiza el uso de la plancha, del calentador, de la lavadora, secarropa, lavavajilla, que gastan mucha energía.

- Mejor cocinar con gas que con cocina eléctrica.

- Apaga todo lo que no utilices, luces, TV, radio, computadora, etc.

- Los productos de PVC contaminan muchísimo. No los uses.

- Mejor utiliza el auto en grupo y no de forma individual. Mejor utiliza transporte público. Mejor utiliza bicicleta.

- Revisa la emisión de gases de tu vehículo.

- Reduce el consumo de aire acondicionado y calefacción.

- Sonríe, un mundo nuevo se avecina, si tú lo haces, los demás también lo harán.

Ecología vivencial

Bernadette Vallely, ecologista inglesa, escribió hace unos años el libro *Cuidado del planeta,* como una especie de manual de ecología cotidiana que todos deberían conocer. Basado en ese trabajo proponemos una ecología vivencial que nos permita ecologizar nuestra vida, en momentos donde la Madre Tierra ya no puede soportar más agresiones, reflexiónalo, compártelo y fundamentalmente aplícalo en tu vida diaria.

1. El fuego es posible quemando combustible. Desperdiciarlo es una irresponsabilidad, ya que se trata de recursos no renovables; en este sentido, proponemos que hables con tu mamá o quien prepara los alimentos para usar ollas y cacerolas más chicas, de manera que no se desperdicie el fuego en calentar el metal de un recipiente grande. También es recomendable tapar las ollas para ahorrar energía y posibilitar que el agua hierva más rápidamente. En cuanto comienza a hervir poner el fuego al mínimo. Otra forma de ahorrar energía consiste en usar olla a presión que posibilita una alimentación más nutritiva.

2. El agua bebible es cada vez más escasa; hay países en el mundo donde actualmente carecen por completo del líquido vital, por lo que es recomendable no dejar el grifo abierto, por ejemplo al lavar los platos; también reparar de inmediato cualquier caída

de agua que gotea. Al usar la ducha evitar abrirla con mucha antelación.

3. Todo proceso de calentar agua requiere un gasto de energía que se puede evitar. Una forma de ahorrar energía es usar agua fría en todo lo que sea posible, por ejemplo al enjuagar los platos, lavar verduras y otras actividades de la cocina.

4. Vivimos en una época en la cual el refrigerador pasó a ser parte del hogar. Empero, debemos saber que esta máquina consume bastante energía y que ello, a la larga, está vinculado con la lluvia ácida y el calentamiento global, por lo que se requiere un mantenimiento permanente y descongelamiento frecuente, además de evitar mantener la puerta abierta mucho rato, así como situarlo lejos de la cocina o lugares calientes. Los refrigeradores viejos cuando no son desechados, pueden ser altamente contaminantes, por las sustancias que liberan las cuales afectan a la capa de ozono, en este sentido necesitamos organizarnos y solicitar que estas máquinas sean recicladas.

5. Combatir insectos, cucarachas o ratones requiere creatividad. Es fundamental, saber que si creamos las condiciones favorables para su proliferación, así será más fácil erradicarlos. Es importante tener en cuenta que todo insecticida o veneno para roedores lo es también para el ser humano y todo ser vivo. El uso de estos productos tóxicos podría envenenarnos o generar peligrosas enfermedades. Es verdad que

también insectos y roedores pueden ser fuente de contagio de infecciones, por lo que es urgente su erradicación de la casa usando métodos tradicionales y no contaminantes.

6. En circunstancias en las que los niveles de contaminación bordean el colapso, es importante optar por el consumo de productos que vienen en envases retornables, evitando comprar aquellos que cínicamente anuncian envase no retornable, por convertirse inmediatamente después en basura que durante décadas o siglos contaminando la tierra. Elijamos siempre envases reciclados o reutilizables, preferentemente de vidrio y si es reciclado mejor.

7. Se suele pensar erróneamente que el aparato microondas ahorra energía, lo cual es falso. Recientes investigaciones revelan que incrementa el gasto de energía, además de volver tóxicos los alimentos generando afección en los órganos, en especial en el hígado y los riñones. Si quieres conservarte sano evita el microondas.

8. Hay la tendencia, en sectores alternativos, de volver al uso de la cerámica y alfarería en los implementos de cocina, esto es muy bueno siempre y cuando los esmaltes con que se impermeabiliza los recipientes de barro no tengan nada de plomo, el cual es un peligroso tóxico que podría afectar la salud profundamente. Infórmate bien antes de adquirir estos productos.

8. Aromatizar los espacios en la casa u oficina con ambientadores resulta ser poco recomendable, en especial si se trata de aerosoles; estos utilizan productos químicos que bloquean el sentido del olfato al generar un olor penetrante que oculta todo lo demás, en experimentos de laboratorio con animales se ha demostrado que son cancerígenos. Es más recomendable utilizar pétalos de rosas o hierbas para generar aromas naturales sin contaminar el ambiente, podemos prender un incienso o simplemente abrir las ventanas.

9. Con las Brigadas Verdes y el Movimiento Ecológico *Pachamama* Universal, estamos impulsando una campaña para negarse a usar bolsas de plástico, volviendo a las antiguas bolsas de tela que usaban las abuelas. Cuando sea imprescindible usar bolsas de plástico, vuelve a utilizarlas muchas veces.

10. Una buena actitud ecologista es no usar toallas, servilletas y pañuelos de papel que proviene de los árboles que se blanquean con cloro y que transportan diversas sustancias químicas que contaminan el agua y la tierra. Volvamos a usar estos productos de tela como siempre, es más higiénico y más ecológico.

11. Evita comprar lo que no sea indispensable, así como sacar de casa todo artículo inútil. Recicla todo lo que sea posibles y comparte el resto con gente necesitada, sin olvidar que es más libre quien tiene menos necesidades. Te invito a ser libre.

12. La basura orgánica que proviene de la cocina, en vez de ser desecho podría ser alimento para animales tuyos o de otras personas, convertido en tierra vegetal que sirva de abono sin olvidarte que los pájaros en libertad, también podrían alimentarse de residuos qué mucha gente considera basura. Aprovecha y maneja con creatividad todo esto.

13. Es recomendable, más aún en países como Bolivia, cambiar otros tipos de combustible por gas natural, que es más económico y menos contaminante.

14. Es necesario reemplazar, hasta donde sea posible, ollas, cucharas etc., de aluminio, por materiales como el acero inoxidable, la madera, el vidrio u otros productos no contaminantes. Está comprobado que los utensilios de aluminio ingresan en pequeñas dosis a nuestro cuerpo predisponiéndonos a enfermedades como el cáncer y el condroma de alzhéimer.

15. Separar la basura es una medida altamente ecológica y necesaria. Hay hogares donde existen recipientes de basura para desechos orgánicos, plástico, papel, vidrio, latas y especialmente pilas o baterías diversas que pueden ser altamente contaminantes y necesariamente deben ser arrojados en lugares asignados específicamente por ello. Todo lo que no puede reutilizarse intentemos enviarlo al reciclaje evitando en todo sentido el uso de productos desechables.

16. La limpieza es necesaria, pero los productos de limpieza y desinfectantes de hogar son tóxicos y venenosos por las sustancias químicas que contienen, algunas de ellas altamente volátiles. Volvamos a métodos tradicionales que usaban nuestros abuelos para mantener la casa más limpia y sin contaminación.

17. Un habito ecológico es usar siempre lo mínimo de todo aquello que sea necesario, pensamos en la limpieza de la cocina, la ropa o la energía, aprendamos a funcionar siempre con lo mínimo e indispensable.

18. El agua que consumimos cotidianamente, antes de llegar al grifo o la mesa, ha sido sometida a diverso procedimientos de purificación. Siempre que se habla de tratar el agua y volverla potable se piensa exclusivamente en la presencia microbiana, sin embargo, hay otros contaminantes no vivos que puede transportar el agua y a menudo son peores, ya que pueden predisponer al cuerpo a enfermedades degenerativas, por lo que recomendamos, como una forma de cuidar la salud usar un buen filtro de agua.

19. Cuando sea necesario usar guantes de plástico elijamos siempre aquellos que no sean desechables, es decir, los que sean más gruesos y durables; una vez más, reiteramos evitar todo lo desechable que es simplemente basura y a menudo de larga duración. Se ha calculado que la vida contaminante de algunos plásticos supera el siglo y en algunos casos varios siglos.

20. Está comprobado que los productos para limpiar los inodoros, incluso algunas pastillas para aromatizarlos, al contener químicos sumamente tóxicos crean un ambiente aparentemente limpio pero altamente peligroso para la salud. Estos productos usados experimentalmente en animales de laboratorios son cancerígenos. Antiguamente se usaban limpiadores de inodoros con base de vinagre, con excelentes resultados higiénicos; sugerimos encontrar soluciones creativas que en lo fundamental no contamine el ambiente y no perjudique la salud.

21. El agua y los alimentos que ingerimos en esta época contienen diversas sustancias químicas, como consecuencia de la contaminación ambiental y los abonos químicos. Estas sustancias son absorbidas por el cuero y podrían predisponernos a peligrosas enfermedades. Una parte del cuerpo desde donde se absorben es la boca, por lo que resulta recomendable cepillarse y limpiarse los diente con hilo dental y dentífrico natural, es decir, libre de sustancias químicas, además de elegir hasta dónde sea posible alimentos orgánicos.

22. A nivel de salud es importante saber, y desde jóvenes, que las peores enfermedades como el cáncer o incluso el sida, al principio o puede ser durante varios años, no presentan ningún síntoma o malestar, es decir, cuando empiezan a manifestarse ya es demasiado tarde. Además, son enfermedades que generan mucho sufrimiento y dolos, pero evitarlas es

posible, por ejemplo, viviendo de manera más ecológica.

23. Tener una nueva guía telefónica todos los años es un derroche de papel totalmente prescindible; evitemos renovar esta guía cada año que casi en su totalidad se repite, así, ya estaremos contribuyendo a que se usen menos árboles en la fabricación del abundante papel que requiere. También es ecológico comprar mueble de segunda mano, recuerda que tenemos que cuidar el planeta y tenemos que hacerlo desde ahora.

24. Por razones económicas, saludables y especialmente ecológicas, evitemos los colchones de espuma o esponja, esta es una sustancia que al quemarse envía al ambiente vapores tóxicos, incluso cianuro. Te sugerimos también, siempre en la lógica de cuidar nuestro planeta y tu salud, utilizar, acumular y reciclar el agua de lluvia; así como utilizar de forma prudente y sobria la energía eléctrica. Evita mantener aparatos eléctricos encendidos si no estás usándolos, esto también incluye apagar todas las luces que no estés utilizando.

25. Siempre que sea posible utiliza energía humana en vez de eléctrica, nos referimos por ejemplo a cuchillos eléctricos, destornilladores eléctricos y cualquier herramienta que puede funcionar a partir de nosotros mismos, esto supone un ahorro económico y una recomendable actitud ecológica.

26. Cuanto menos productos plásticos y sintéticos tengas en tu hogar mejor, algunos de ellos están hechos de sustancias químicas que se liberan al ambiente y producen síntomas perjudiciales expresados en mareos, alergias y dolores de cabeza. Cuidar tu salud es casi lo mismo que cuidar a la Madre Tierra.

27. En todo lo que sea posible, es recomendable usar energía solar; en lo referente a las linternas usar exclusivamente aquellas que tiene pilas recargables.

28. Evita encender fuego y hacer fogatas, como por ejemplo quemar basura en casa, ya que toda quema despide vapores tóxicos en especial cuando se incorpora alguna sustancia artificial.

29. Si dispones de terreno en casa, aprende algo de jardinería y o agricultura, ese puede ser un buen pasatiempo saludable y productivo, asesórate para ver lo que se puede sembrar en temporada y en el lugar donde vives, fabrica tu propio abono vegetal a partir de basura orgánica y desechos de plantas. Germina tus propias semillas, acepta e interactúa con insectos y lombrices, al igual que con las aves. Siembra diferentes especies ornamentales, comestibles, medicinales, tal como hace la naturaleza.

30. Deja en el jardín algo de comida para los pájaros y lugares aunque sean pequeños donde puedan beber.

31. Evita tener en casa aves y especies exóticas, es importante oponernos al tráfico de animales vivos, de esta manera evitamos su extinción.

32. Evitemos, especialmente siendo jóvenes, ser afectados por la publicidad que promociona muchos productos innecesarios y antiecológicos, fundamentalmente cremas antitranspirantes y desodorantes que contiene productos químicos peligrosos para la salud. Los antitranspirantes bloquean los poros de la piel impidiendo su proceso de purificación tan importante.

33. Compra ropa y zapatos duraderos, plancha lo menos posible para evitar despilfarro de energía, evita las tintorerías y trata de no ir siempre a la moda que fomenta el consumismo. Lee las etiquetas que indican de qué material está hecha la ropa, eligiendo preferentemente la ropa de fibra natural.

34. Siembra árboles en terrenos públicos, en especial en la escuela, e invita a tus amigos a hacer lo mismo.

35. Pide en tu colegio que se hable más de ecología, en especial de las actitudes antiecológicas del ser humano, de los riesgos en los que se encuentra el planeta y de las alternativas de solución. Es importante que los jóvenes sepan que para seguir habitando la tierra hay que aprender a vivir de otra manera.

36. La salud es muy importante y no es cuestión de dejarlo en manos de los médicos, ellos están entrenados para manejar enfermedades, tu salud tiene que estar en tus manos y ella depende de una dieta equilibrada y natural, pensamientos positivos, emociones bien manejadas, actividad física, contacto con la naturaleza, además de manejar armónicamente las relaciones interpersonales. Siempre que tengas un problema de salud recurre a la medicina natural, homeopatía o acupuntura.

37. Evita el estrés. Desde la juventud también es necesario saber que las radiografías, sino son súper indispensables, es mejor evitarlas. También es bueno saber lo nocivo de alguien fumando a nuestro lado, recuerda que estamos diseñados para funcionar con aire y si es puro mejor.

38. La creatividad es uno de los mejores aliados del joven, fomenta tu imaginación usando como recurso estimulante cada problema que surja. Las personas creativas tienen menos problemas y aprenden con todo lo que les pasa.

39. En la escuela o en la universidad organiza grupos ecológicos, recauda fondos para proyectos ambiéntales, organiza viajes y campamentos para conocer la situación ecológica de cada región de tu país y si es posible continente, apoya toda iniciativa ecológica, participa en campañas de proyección ambiental, informa a tus compañeros acerca de la situación ecológica del país y planeta, organiza junto

126

con tus amigos campañas contra el ruido y la contaminación sonora, rechaza los alimentos chatarra y toda la comida rápida contaminante y antisaludable. Asiste a conferencias sobre temas ecológicos y ayuda a tu familia a convertir tu casa en un sitio sano y ecológico. Propón en el colegio una vez al mes un día ecológico, donde todo el tiempo este dedicado a temas ambientales. Con tu grupo de amigos escribe a las empresas cercanas que estén contaminando, recuérdales que los jóvenes heredarán el planeta y que no se puede destruir en una generación lo que pertenece incluso a los niños que aún no han nacido.

www.chamalu.com